Bildungscoaching

Gabriele Matthes

Henriette Garczorz

Bildungscoaching

Theorie und Praxis

 Springer

Gabriele Matthes
naviga:re Business Coaching und Beratung
Bremen, Deutschland

Henriette Garczorz
naviga:re Business Coaching und Beratung
Hamburg, Deutschland

ISBN 978-3-658-23917-6   ISBN 978-3-658-23918-3   (eBook)
https://doi.org/10.1007/978-3-658-23918-3

Die Deutsche Nationalbibliothek verzeichnet diese Publikation in der Deutschen Nationalbibliografie; detaillierte bibliografische Daten sind im Internet über http://dnb.d-nb.de abrufbar.

Springer

Springer ist ein Imprint der eingetragenen Gesellschaft Springer Fachmedien Wiesbaden GmbH und ist ein Teil von Springer Nature.
Die Anschrift der Gesellschaft ist: Abraham-Lincoln-Str. 46, 65189 Wiesbaden, Germany

Für unsere Eltern,
Frank und Ingo,
Daniel, Julian,
Felix und Julius

Geleitwort

Coaching erfreut sich eines zunehmenden Interesses, sei es in der Wirtschaft, im Sport, im Gesundheitssektor oder mittlerweile auch im Bildungsbereich. Coaching entwickelt sich als Format in einem bestimmten gesellschaftlichen Umfeld, das – auf den Bildungsbereich bezogen – mit steigenden Leistungserwartungen auf der einen Seite und demgegenüber mit schon traditionell kritischen Stimmen gegenüber den Lernergebnissen der Bildungsinstitutionen beschrieben werden kann. Während die eine Seite in Digitalisierung, vermehrten Einsatz von Fremdsprachen und Mathematisierung die Zukunft der Bildung sieht, versprechen sich andere Kreise in einer eher ganzheitlichen Didaktik, die neben logischen Verknüpfungen auch analoge Aufgaben und in der Vielfalt der Wahrnehmungsbereiche liegenden Ansätze kombiniert einen neuen und optimierten Schub für die aktuellen Herausforderungen.

Mit Bildungscoaching tritt ein neues Format auf, das für sich beanspruchen kann, Teilnehmerinnen und Teilnehmer von Bildungsprozessen darin zu unterstützen, sich mental und bewusst auf die derzeitigen Leistungsanforderungen vorzubereiten, um sie besser und beruhigend lösen zu können. Wohlgemerkt, der inhaltliche Aspekt steht nicht im Vordergrund, es geht vielmehr um die persönliche Einstellung, um die eigene Haltung, um die Stärkung des persönlichen Selbstbewusstseins, um Kenntnis und Einsatz der eigenen Stärke und um die Konzentration auf die Bildungsinhalte. In einem weiteren Sinne beschäftigt bzw. fördert und unterstützt Bildungscoaching alle Aktivitäten der Tätigen im Bildungsbereich, seien es Lehrende, Führungskräfte oder andere Stakeholder.

Die schnelle Entwicklung des Formats Bildungscoaching wirft verschiedene Fragen auf, zum Beispiel: Was ist der konkrete Nutzen? Wie kann die Wirksamkeit festgestellt werden? Benötigen Bildungscoaches eine spezifische Qualifizierung? Wie kann ein Setting für Bildungscoaching gestaltet werden? Welche Erwartungen haben die Kunden, Coachees, Schülerinnen, Schüler oder Studierenden? Derartige Fragen rechtfertigen allemal eine umfassende und breite Betrachtung des Feldes. Henriette Garczorz und Gabriele Matthes greifen zentrale Fragen auf und fokussieren auf Schule und Hochschule/Universitäten. Den Bereich der betrieblichen Bildung lassen sie noch unbearbeitet. Er wartet noch auf seine systematische Betrachtung, die bei den Ausführungen von Garczorz und Matthes aber nahtlos ansetzen kann.

Mit dem vorliegenden Band haben Henriette Garczorz und Gabriele Matthes einen ersten umfassenden Blick auf Bildungscoaching geworfen. Der Band sollte sich erfreuen an Leserinnen und Lesern, die im Bildungsbereich aktiv sind oder am Bildungsbereich grundlegend interessiert sind, unabhängig davon, ob sie sich als Praktiker oder Theoretiker verstehen. Mit den kleinen praktischen und lebendig geschriebenen Beispielen kann dieser Band als Lesebuch genutzt werden, zum Nachschlagen und als Anregung, aber vor allem als grundlegende konzeptionelle Darstellung von Bildungscoaching. Damit leistet der Band einen gewichtigen Beitrag zur Professionalisierungsdebatte im Coaching. Gerade die Verknüpfung von empirischen Daten, theoretischen Überlegungen und eigenständiger Befragung zeigt, wie wertvoll und erkenntnisreich diese Verbindung sein kann. Garczorz und Matthes setzen mit ihren Ausführungen eine anspruchsvolle und gewinnbringende Tradition sozialwissenschaftlicher Forschung, feldbezogener Beschreibung und qualitätsbewusster Konzeptionsentwicklung fort.

Die beiden Autorinnen, die ich im Studium des Masterstudiengangs BCCM kennen und schätzen gelernt habe, verbinden in diesem Band sehr überzeugend einen theoretischen und einen praktischen Anspruch. Ich wünsche dem Buch viele interessierte Leserinnen und Leser.

Frank Strikker
Hamburg, Bielefeld

August 2018

Vorwort

Warum schreibt jemand ein Buch über Bildungscoaching? Was ist Bildungscoaching überhaupt? Wer braucht das und warum? Ist Bildungscoaching eines dieser unzähligen Bindestrich-Coaching-Konzepte, die inhaltlich diffus und von diversen Akteuren mit teilweise zweifelhafter Qualifikation angeboten werden, um das schnelle Geld zu machen? Das sind Fragen, die wir uns, nicht nur zu Beginn unserer Recherchen, sondern auch im Verlauf dieses Buchprojekts immer wieder gestellt haben. Dazu vielleicht eine Antwort vorweg, die viele Praktiker unter den Lesern vermutlich wenig überrascht: das schnelle Geld wartet hier nicht, dafür ein breites Betätigungsfeld mit herausfordernden und sinnvollen Aufgabenstellungen.

Die Idee zu dem vorliegenden Buch entstand während der Recherchen zu einem Studienheft für den Masterstudiengang Business Coaching & Change Management an einer norddeutschen Fernhochschule. Der Auftrag war klar formuliert: einen Überblick über das Thema zu geben. Das Ergebnis war ein Studienheft, das den vorgegebenen Umfang sprengte und die Erkenntnis, dass allein die Begriffsdefinition und damit die Annäherung an den Inhalt dieses Betätigungsfeldes, wie so oft im Themenfeld Coaching, eine Herausforderung an sich darstellt. Wir recherchierten eine Vielzahl von Quellen, sowohl im Hinblick auf den wissenschaftlichen Hintergrund als auch auf die praktische Umsetzung und stellten dabei fest, dass im Verlauf der Beschäftigung mit dem Thema unsere persönliche Fragenliste immer länger statt kürzer wurde. Insbesondere die Besonderheiten der deutschen Bildungslandschaft und die Strukturen im öffentlichen Bildungswesen geben Menschen, die in diesem System nicht beheimatet sind, Rätsel auf. Dabei hätten wir uns eine Quelle gewünscht, die uns einen Überblick über das Thema gibt und beispielhaft Projekte beschreibt. Wir haben sie nicht gefunden, aber wenn sie uns fehlte, dann vielleicht auch anderen? Langsam keimte der Gedanke, das bereits zusammengetragene Theoriewissen mit praktischen Beispielen und einer Umfrage von Praktikern interessierten Lesern zugänglich zu machen. Und nun liegt Ihnen das Ergebnis vor.

Das Thema ist mehr als umfangreich und noch lange nicht zu Ende untersucht. Bildungscoaching als Profession steht noch am Anfang der Entwicklung. Wir sind der Überzeugung, dass wir einige interessante und vielversprechende Ansätze beschrieben haben. Die Zunahme von Bildungscoaching-Angeboten geht jedoch rasant weiter. Coaching-Anbieter, aber auch Bildungsorganisationen wie Universitäten, Hochschulen und Schulen entwickeln vielfältige Konzepte und Projekte, sodass das Thema noch lange nicht umfassend behandelt ist. Dabei sollten auch die Aspekte Qualität und Evaluation betrachtet werden.

Bei unseren Recherchen sind uns kommerzielle Anbieter, aber auch Einzelinitiativen und ehrenamtlich engagierte Menschen begegnet. Besonders das Engagement einiger unserer Interviewpartner, die innerhalb von eng gesteckten administrativen Begrenzungen und mit geringen finanziellen Mitteln Nischen nutzen und kreative Lösungen entwickeln, um junge Menschen zu unterstützen und zu fördern, hat uns stark beeindruckt.

Wir danken allen Interviewpartnern für die informativen Gespräche und Hintergrundinformationen, Prof. Dr. Frank Strikker von der Europäischen Fernhochschule Hamburg für den Anstoß zum Thema und unseren Familien und Freunden für die Geduld und Unterstützung während der letzten Monate.

Die spontane Reaktion eines Bildungscoaches auf unsere Anfrage zur Teilnahme an unserer Umfrage fasst zusammen:

» *„Viel Erfolg – der Bereich ‚Coaching/Supervision‘ für alle an Unterricht und Bildung Beteiligte benötigt dringend Unterstützung! Der Bedarf ist riesig!!"*

Gabriele Matthes
Bremen, Deutschland

Henriette Garczorz
Hamburg, Deutschland

August 2018

Inhaltsverzeichnis

Abbildungsverzeichnis

Tabellenverzeichnis

Überblick

Literatur – 4

© Springer Fachmedien Wiesbaden GmbH, ein Teil von Springer Nature 2019
G. Matthes, H. Garczorz, *Bildungscoaching*, https://doi.org/10.1007/978-3-658-23918-3_1

1

Warum benötigt Bildung eine Begleitung durch Coaching? Wer kann davon profitieren? Wer sind die Anbieter? Der folgende Überblick leitet in das Themenfeld ein. Er gibt einen Überblick über den Aufbau des Buches und die Inhalte der nachfolgenden Kapitel und zeigt inhaltliche Grenzen auf.

Vielleicht erinnern Sie sich noch an den Tag, an dem Sie, stolz dem Kindergarten entwachsen und etwas ängstlich ob der fremden Menschen und mächtigen Gebäude, mit Ihrer Schultüte im Arm die Grundschule betreten haben? Seit diesem ersten Schultag begleitet uns das Thema Bildung, über den Schulabschluss, weiterführende Schulen und Hochschulen bis zum heutigen Tag und darüber hinaus. Die Forderung nach Lebenslangem Lernen, um die Arbeitsmarktfähigkeit proaktiv zu erhalten, ist für viele Menschen keine hohle Phrase. In unserer sich schnell verändernden Gesellschaft wird die Bereitschaft zur permanenten Weiterbildung als selbstverständlich vorausgesetzt, denn „wer nicht mit der Zeit geht, geht mit der Zeit."

Die Entscheidung für Bildung im 21. Jahrhundert folgt, insbesondere im Hinblick auf den Erwerb von formalen Abschlusszertifikaten wie dem Mittleren Schulabschluss (MSA), dem Abiturzeugnis oder dem Bachelorabschluss, strategischen Nutzenerwägungen im Hinblick auf die erwartete berufliche Entwicklung. Eine möglichst gradlinige Bildungslaufbahn wird von den meisten Schulnovizen und deren Familien angestrebt und häufig implizit erwartet. Dabei bietet das deutsche Bildungssystem viele Optionen. Neben der kürzesten Strecke zum angestrebten Abschluss gibt es eine Vielzahl von Alternativen. Beispielsweise haben Studieninteressierte auch ohne Abitur die Möglichkeit, zu einem späteren Zeitpunkt zu studieren, wenn entsprechende Vorleistungen erbracht wurden. Eine frühe Festlegung auf einen Abschluss ist nicht mehr unbedingt erforderlich. Trotzdem wird die Entscheidung für die nächste Aus- oder Weiterbildung häufig gedanklich mit einer Weichenstellung für die gesamte berufliche Zukunft verbunden. Dadurch wächst der Druck, die „richtige" Ausbildung, das „richtige" Studium, die „richtige" Weiterbildung zu finden und diese dann mit bestmöglichem Erfolg im selbst gewählten oder vorgegebenen Zeitrahmen abzuschließen.

Hier kommt der Punkt, an dem viele an ihre Grenzen stoßen, sowohl inhaltlich als auch persönlich. Allein im Jahr 2016 haben 146.376 Lehrlinge ihren laufenden Ausbildungsvertrag vorzeitig beendet. Das entspricht einem Anteil von 25,8 % (Bundesministerium für Bildung und Forschung (BMBF) 2018, S. 89). Auch an deutschen Universitäten (32 %) und Fachhochschulen (27 %) bricht mehr als jeder vierte Studierende das Bachelorstudium ab (Stand 2014).

Nicht verwunderlich also, dass viele Menschen im Verlauf ihres Lebens Erfahrungen mit Misserfolgen in Schulen, berufsbildenden Schulen und Hochschulen, ob eigene oder im Familien- oder Freundeskreis, machen. Wer in früheren Zeiten Glück hatte, fand vielleicht einen verständnisvollen Lehrer, Ausbilder oder anderen Erwachsenen, der ihn anleitete, motivierte und Lösungsmöglichkeiten aufzeigte. Heute wird Ratsuchenden eine deutlich breitere Palette von professionellen Beratungsleistungen inner- und außerhalb von Bildungseinrichtungen offeriert. Man muss sie nur finden.

Dabei kann sich die gesuchte Dienstleistung unter verschiedensten Begriffen verbergen. Die Suchmaschinen-Recherche zum Stichwort „Bildungscoaching" zeigt 22.600 Treffer, zum Stichwort „Lerncoach" 111.000 Treffer an (Stand 15.04.2018). Die Anbieter können aber auch andere Namen tragen. Sie firmieren unter Lernberater, Schüler-Coach, Studenten-Coach, Studiencoach oder ähnlichen Begrifflichkeiten (◘ Abb. 1.1).

Die Beratenden sind selbstständig tätig, arbeiten in Studienberatungen, als Schulpsychologen oder in der Schulsozialarbeit. Und nicht nur Schüler und Studierende sind Adressaten

◘ Abb. 1.1 Suchergebnisse und Bezeichnungen zu Bildungscoaching (eigene Darstellung) ©

1

von Bildungscoaching, auch Lehrende gehören zur Zielgruppe. Wer begleitet einen neuberufenen Professor oder Schulleiter? Wer unterstützt Lehrer im Umgang mit Eltern und Schülern?

Das vorliegende Buch soll einen Überblick über das Feld des Bildungscoachings geben und enthält sowohl wissenschaftliche Hintergrundrecherchen als auch Anwendungsbeispiele aus der beruflichen Praxis. Dazu haben wir neben Literaturrecherchen Interviews mit Coaches, Auftraggebern und anderen Beteiligten geführt sowie eine Umfrage bei 50 Coaches im Bildungsbereich durchgeführt.

Ein gemeinsames Begriffsverständnis erscheint sinnvoll, um das Tätigkeitsfeld zu erfassen und gegen andere Formen der Beratung abzugrenzen. Wissenschaftlich betrachtet ist der Begriff Bildungscoaching als Unterform von Coaching ein sprachliches Konstrukt, dem je nach zugrundeliegender wissenschaftlicher Disziplin und inhaltlicher Zielsetzung verschiedene Bedeutungen beigemessen wird. Eine wesentliche Rolle spielt dabei die Interdisziplinarität aus Pädagogik, Psychologie und Soziologie, die je nach Fachrichtung das Thema aus einem eigenen Blickwinkel beleuchtet und in Abhängigkeit von der eigenen Spezialisierung mit Zielen und Inhalten belegt. Überschneidungen sind dabei die Regel. Im zweiten Kapitel betrachten wir die Begrifflichkeit daher aus verschiedenen Theorieperspektiven und nehmen eine Abgrenzung zu anderen Beratungsleistungen vor.

Die zwei weitläufigen Anwendungsfelder für Bildungscoaching in Schulen und Hochschulen sind die Themen der beiden darauffolgenden Kapiteln. Dabei werfen wir sowohl einen Blick auf die Akteure als auch auf Ziele, Anlässe, Themen, Zugänge, Angebote und die Finanzierung. Die Dynamik bei der Entwicklung der verschiedenen Konzepte, das Engagement der Beteiligten und die Fülle der Informationen führt dazu, dass wir in diesen beiden Kapiteln zudem eine Auswahl an Konzepten aus der Praxis beispielhaft vorstellen, ohne dabei Anspruch auf Vollständigkeit zu erheben. Falls dabei das ein oder andere Leuchtturmprojekt unserer Aufmerksamkeit entgangen sein sollte, freuen wir uns auf konstruktive Zuschriften.

Um uns dem Thema auch von der praktischen Seite anzunähern, stellen wir in Ermangelung bereits durchgeführter wissenschaftlicher Studien im fünften Kapitel die Ergebnisse einer Online-Befragung vor, die wir im Frühjahr 2018 durchgeführt haben.

Da in der Diskussion zum Einsatz von Bildungscoaching das Thema Professionalisierung mitschwingt, sind Qualitätsdimensionen und Evaluation sowie Settings und Qualifikationen Inhalte des letzten Kapitels zur Qualität im Bildungscoaching.

Die Wirkungen von Coaching hängen von einer flexiblen Anpassung der Methodik an den Anlass, das Thema, die Person und die jeweilige Situation ab. Dabei liegt es in der Kompetenz des Coaches, seinen Werkzeugkasten situationsadaptiert und professionell einzusetzen. Auf die Anfertigung einer Tool-Sammlung haben wir daher bewusst verzichtet.

Coaching impliziert eine Beziehung auf Augenhöhe zwischen dem Coach und der Person, die das Coaching bucht und in der Regel auch bezahlt. Wir verwenden daher in diesem Zusammenhang bewusst neben dem in der Coachingliteratur geläufigen Begriff Coachee die Bezeichnung Klient.

Bei allen Bezeichnungen, die auf Personen bezogen sind, meint die gewählte Formulierung alle Geschlechter, auch wenn wir aus Gründen der leichteren Lesbarkeit manchmal das generische Maskulinum verwenden.

Literatur

Bundesministerium für Bildung und Forschung (BMBF). (2018). Berufsbildungsbericht 2018. https://www.bmbf.de/pub/Berufsbildungsbericht_2018.pdf. Zugegriffen am 06.05.2018.

Bildungscoaching – ein Containerbegriff?

© Springer Fachmedien Wiesbaden GmbH, ein Teil von Springer Nature 2019
G. Matthes, H. Garczorz, *Bildungscoaching*, https://doi.org/10.1007/978-3-658-23918-3_2

2

Das Kapitel führt in das Thema Bildungscoaching ein und zeigt die Relevanz von Coaching für die Begleitung von Bildungsprozessen auf. Die Betrachtung der, dem Bildungscoaching zugrundeliegenden, unterschiedlichen Intentionen und die Abgrenzung zu anderen Formen der pädagogischen oder psychologischen Beratung leiten zu einer Definition des Begriffs hin. Außerdem vermittelt das Kapitel einen ersten Überblick über die Inhalte, Zielgruppen und Einsatzmöglichkeiten sowie die Problematik der Abgrenzung zu anderen Beratungsformaten und führt in die Online-Befragung von 50 Bildungscoaches ein.

In der Wissenschaft ist der Begriff Bildungscoaching als Unterform von Coaching ein sprachliches Konstrukt, dem je nach zugrunde liegender wissenschaftlicher Disziplin und inhaltlicher Zielsetzung verschiedene Bedeutungen gegeben werden. Eine bedeutende Rolle spielt dabei die Interdisziplinarität aus Pädagogik, Sozialpädagogik, Psychologie, Soziologie und Ökonomie, die je nach Fachrichtung das Thema aus einem eigenen Blickwinkel beleuchtet und in Abhängigkeit von der eigenen Spezialisierung mit Zielen und Inhalten belegt. Es existieren in der Praxis eine Vielzahl von ähnlichen oder synonym verwendeten Begrifflichkeiten. Dies bestätigt sich in der Recherche wissenschaftlicher Literatur, sodass festgestellt werden kann, dass die eine, allumfassende und allgemeingültige Definition (noch) nicht existiert.

Daher führen wir in diesem Kapitel verschiedene Definitionen von Bildungscoaching ein, um darauf aufbauend in einem Brückenschlag über die verschiedenen Disziplinen hinweg ein grundlegendes Verständnis von Bildungscoaching zu entwickeln.

2.1 Einführung und Relevanz

Die wachsende Bedeutung von Coaching im Kontext von Bildung zeigt sich bei der Betrachtung der sich kontinuierlich umgestaltenden deutschen Bildungslandschaft und der damit verbundenen veränderten Anforderungen an Lerner und Lehrende. Bereits im Jahr 2004 haben Bund und Länder eine gemeinsame Strategie zum Lebenslangen Lernen verabschiedet.

Im Strategiepapier der Bund-Länder-Kommission wird adressiert, dass sich Lernen durch jede Lebensphase ziehen (◘ Abb. 2.1) und einen natürlichen Bestandteil einer jeden Biografie darstellen sollte (2004, S. 9). Entwicklungsschwerpunkte dieser Strategie sind die Einbeziehung des informellen Lernens, Selbststeuerung, Kompetenzentwicklung, Vernetzung, Modularisierung, Lernberatung, Popularisierung des Lernens und chancengerechter Zugang. Dieser Anspruch, gepaart mit den Herausforderungen, die durch den demografischen Wandel und den zunehmenden Fachkräftemangel entstehen, begründen aus gesellschaftlicher Sicht den Bedarf, beispielsweise zunehmend Schüler und Studie-

◘ **Abb. 2.1** Lebenslanges Lernen (eigene Darstellung) ©

2

rende aus sogenannten bildungsfernen Schichten oder sozioökonomisch schwächeren Familien zum erfolgreichen Schul- und Studienabschluss zu führen. Darüber hinaus verändern sich durch die Veränderungen in der Gesellschaft ebenfalls die Lebensumstände der Studierenden und damit auch deren Bedürfnisse.

Beispiel: Studierende mit Kind

Im Sommersemester 2016 hatten 131.000 Studierende mindestens ein Kind. Studierende mit Kind im Erststudium sind mit einem Altersdurchschnitt von 35 Jahren rund 11 Jahre älter als ihre kinderlosen Kommilitonen und Kommilitoninnen. Im Vergleich zu 2012 hat sich das Durchschnittsalter der Studierenden mit Kind um knapp zwei Jahre erhöht. Eine ähnliche Veränderung ist bei kinderlosen Studierenden nicht zu verzeichnen. Gleichzeitig entscheiden sich Studierende mit Kind weniger häufig für ein Präsenzstudium, sondern studieren anteilig häufiger berufsbegleitend. Sie absolvieren vergleichsweise selten einen dualen Studiengang (Bundesministerium für Bildung und Forschung (BMBF) 2017, S. 25).

Geht man davon aus, dass Lebenslanges Lernen eine gesellschaftlich gewollte und geförderte Anforderung an den Einzelnen darstellt, muss den Kompetenzen der Lernenden, sich Wissen anzueignen, den Wissensaneignungsprozess zu reflektieren sowie Lernbarrieren zu vermeiden oder abzubauen, eine essenzielle Bedeutung beigemessen werden.

Definition Lebenslanges Lernen

„Lebenslanges Lernen umfasst alles formale, nicht-formale und informelle Lernen an verschiedenen Lernorten von der frühen Kindheit bis einschließlich der Phase des Ruhestands. Dabei wird „Lernen" verstanden als konstruktives Verarbeiten von Informationen und Erfahrungen zu Kenntnissen, Einsichten und Kompetenzen." (Bund-Länder-Kommission 2004, S. 13)

Dabei kann Coaching – ebenfalls per se ein Lernprozess – unterstützen. Greif (2008, S. 52) beschreibt Coaching als intensive und systematische Förderung ergebnisorientierter Problem- und Selbstreflexionen, wozu auch die Erreichung selbstkongruenter Ziele und die bewusste Selbstveränderung und Selbstentwicklung gehören. Warum sollten diese positiven Effekte nur einer begrenzten Zielgruppe wie beispielsweise Leistungssportlern oder Topmanagern zugänglich sein? Der Transfer von, professionellem Coaching zugrundeliegenden, Werthaltungen und Techniken auf andere Alltagsbereiche, wie das Bildungssystem, das Gesundheitswesen oder die Politik, kann einen wertvollen Beitrag zu einer zukunftsorientierten Weiterentwicklung der Gesellschaft leisten. Coaching in der Schule kann beispielsweise dazu beitragen, Selbstsicherheit aufzubauen, Ressourcen zu nutzen, Beziehungen zu gestalten, Orientierung zu finden sowie eine Arbeitshaltung und ein persönliches Selbstmanagement zu entwickeln (Böning und Strikker 2014, S. 492 ff.).

Der Nutzen von Coaching im Bildungsbereich wurde in den letzten Jahren zunehmend auch in der Wissenschafts- und Forschungsförderung hergestellt. Das Strategiepapier der Bund-Länder-Kommission führt den Einsatz von Coaching von Schülervertretern beispielhaft an (Bund-Länder-Kommission 2004, S. 84).

In Übereinstimmung mit den wachsenden Anforderungen an die Kompetenzen von Lernenden steigt auch der Anspruch an die Lehrkompetenz der Wissensvermittler, eine lernfördernde Lernumgebung zu schaffen, eine lernfördernde Didaktik bereitzustellen und diese kontinuierlich zu reflektieren und zu verbessern. Diese Notwendigkeit verschriftlicht die Hochschulrektorenkonferenz in ihrer Empfehlung zur „Reform der Lehre in den Hochschulen" und empfiehlt eine intensive strategische Diskussion sowie die Bereitstellung der notwendigen Ressourcen durch die Länder mit den Kernzielen studierendenzentrierte Lehre, Lehrqualität als strategisches Ziel und Förderung der Übernahme von Verantwortung für den eigenen Lernprozess. Somit befinden sich sowohl Strukturen, Methoden und Prozesse von Bildungsträgern als auch Haltungen und Verhalten der Akteure in einem Prozess der Anpassung, Neustrukturierung und Neuausrichtung.

Sieht man von der Schul- und Hochschullandschaft ab und wirft einen Blick auf die Bildungseinrichtungen der dualen Ausbildung, sind hier neben den Lehrkräften an den berufsbildenden Schulen auch die Ausbilder in den Betrieben gefragt, auf die Entwicklungen in der Aus- und Bildungslandschaft zu reagieren. Bei einer Voruntersuchung für den Modellversuchsförderschwerpunkt „Neue Wege in die duale Ausbildung – Heterogenität als Chance für die Fachkräftesicherung" des Bundesinstituts für Berufsbildung wurden Ausbildungsbetriebe danach gefragt, welche Unterstützung sie sich wünschen. Neben dem Wunsch nach finanzieller Förderung (65 %) wurden vor allem die Themen „Weiterbildung und Erfahrungsaustausch für Ausbildungskräfte" (67 %) und „Beratung bei Problemen und Konflikten mit den Auszubildenden" (51 %) genannt (Ernst und Westhoff 2011, S. 5).

Ebenfalls im betrieblichen Bereich angesiedelt ist der Blick auf Arbeitnehmer mit mittlerer oder geringer Qualifikation, die, besonders in kleinen und mittelständischen Betrieben, teilweise unregelmäßiger und weniger häufig als Mitarbeiter von Großunternehmen und Konzernen in Kontakt mit Personalentwicklungsinitiativen kommen. Auch von diesem Personenkreis wird erwartet, wechselnde und steigende Anforderungen erfolgreich zu bewältigen und die berufliche und private Entwicklung in zunehmendem Maße selbstgesteuert zu gestalten. Die Notwendigkeit der Ausbildung einer persönlichen Lernkompetenz, um sich in der beruflichen Welt zurechtzufinden, sich zu etablieren und sich immer wieder anpassen zu können, ist daher eine zentrale Voraussetzung zur aktiven Gestaltung der eigenen Lern- und Berufsbiografie (Deffner et al. 2006, S. 33).

2.2 Systematisierung von Bildungscoaching

Wenn Bildung und Coaching bereits eigenständige Containerbegriffe sind, die je nach Kontext interpretiert und definiert werden: Was gehört dann in den noch bedeutend größeren Container des Bildungscoachings? (◘ Abb. 2.2)

Mit dem Systematisierungsansatz für Coachingformen nach Böning und Kegel (2015) kann eine Kategorisierung anhand der Kriterien Milieu/Umfeld, Zielgruppe/Teilnehmer und Themen vorgenommen werden (◘ Abb. 2.3).

Das *Milieu oder Umfeld* bezeichnet den Bereich, in dem die gecoachte Person bzw. die gecoachte Gruppe während des Coachings tätig ist. Das Umfeld gibt dabei den Rahmen vor, sowohl für Coachingziele als auch für Vorgehensweisen und Spielregeln im Umgang miteinander sowie für Erwartungen an den Prozess und die Beteiligten. Das dem Umfeld untergeordnete Kriterium *Zielgruppe* resultiert aus der Vorgabe des aktuellen Handlungsumfeldes. Das dritte Kriterium ist das *Thema*, das in Abhängigkeit zu den zwei vorgenannten Kriterien Umfeld und Zielgruppe steht (Böning und Kegel 2015, S. 30 f.). ◘ Abb. 2.4 zeigt die Systematisierung von Bildungscoaching anhand der vorgenannten Kriterien und bietet damit einen ersten Überblick über das breite Spektrum der Einsatzmöglichkeiten.

2

■ **Abb. 2.2**   Bildungscoaching – ein Containerbegriff
(eigene Darstellung) ©

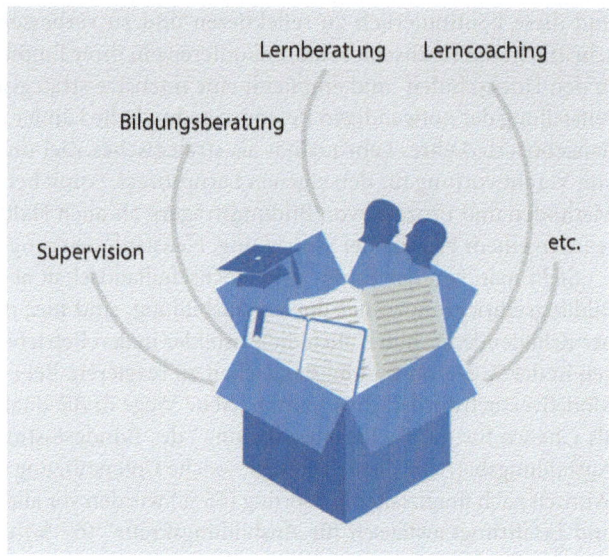

■ **Abb. 2.3**   Systematisierungsansatz für Coachingformen (Böning und Kegel
2015, S. 30 ff.)

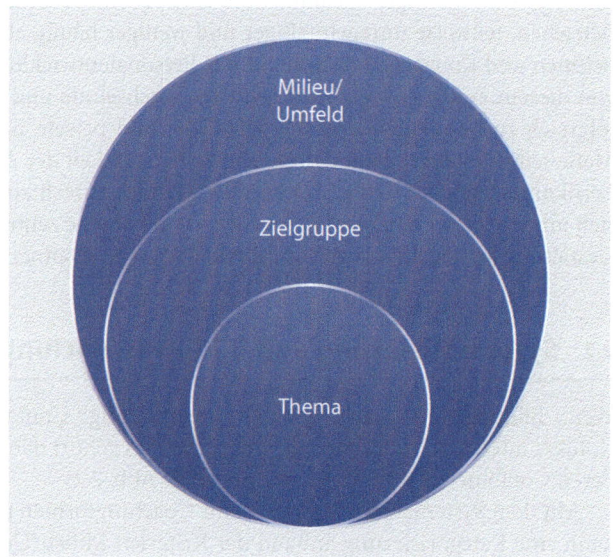

2.3   Definitionsannäherung aus mehreren Perspektiven

Welche Inhalte bedient Bildungscoaching und welchen Nutzen kann es leisten? Wie bereits einleitend beschrieben, spielt die Interdisziplinarität bei der Betrachtung von Bildungscoaching eine bedeutende Rolle. Daher beleuchten wir nachfolgend das Thema aus verschiedenen Blickwinkeln (■ Abb. 2.5), um damit ein gemeinsames Verständnis für das Gesamtbild zu fördern.

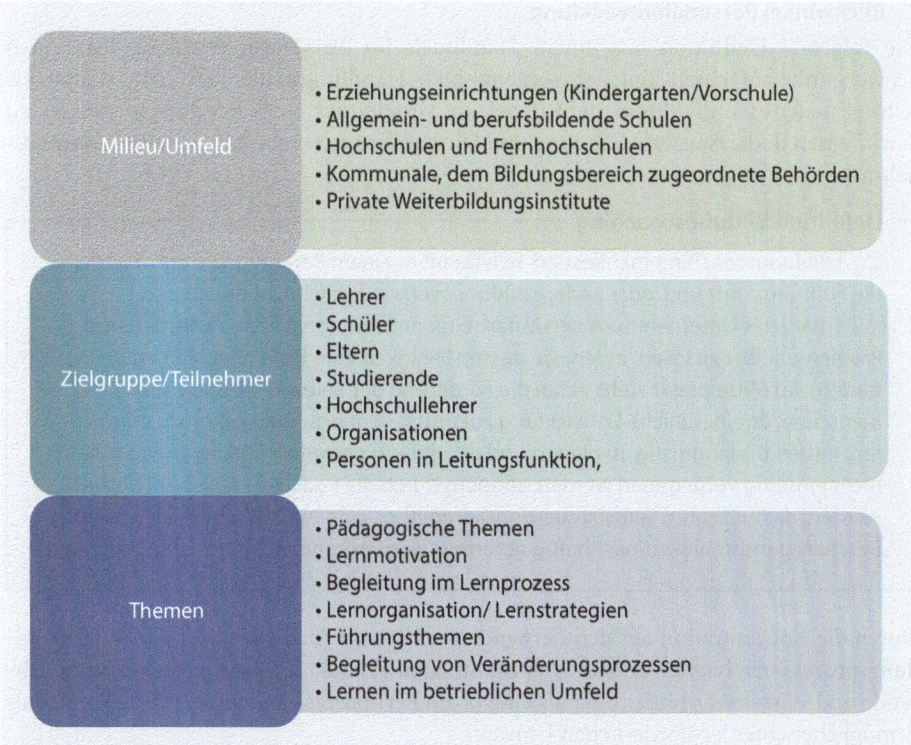

Milieu/Umfeld	• Erziehungseinrichtungen (Kindergarten/Vorschule) • Allgemein- und berufsbildende Schulen • Hochschulen und Fernhochschulen • Kommunale, dem Bildungsbereich zugeordnete Behörden • Private Weiterbildungsinstitute
Zielgruppe/Teilnehmer	• Lehrer • Schüler • Eltern • Studierende • Hochschullehrer • Organisationen • Personen in Leitungsfunktion,
Themen	• Pädagogische Themen • Lernmotivation • Begleitung im Lernprozess • Lernorganisation/ Lernstrategien • Führungsthemen • Begleitung von Veränderungsprozessen • Lernen im betrieblichen Umfeld

▣ Abb. 2.4 Systematisierung von Bildungscoaching (eigene Darstellung) ©

▣ Abb. 2.5 Eine Frage der Perspektive (eigene Darstellung) ©

2

■ **Blickwinkel Personalentwicklung**

Die folgende Definition aus einem Handbuch für Personalentwicklung legt einen Schwerpunkt auf einen Teil der vorgenannten Handlungsfelder. Der Mitarbeiter als selbstgesteuertes Individuum steht dabei im Mittelpunkt eines Beratungsprozesses zu den Themen Bedarfsanalyse, Planung und Durchführung von beruflichen Bildungsmaßnahmen.

Definition Bildungscoaching

„[…] Bildungscoaching manifestiert sich damit in einem Beratungsprozess, bei dem die Führungskraft und/oder andere Bildungsverantwortliche innerhalb und außerhalb des Unternehmens den Mitarbeiter dabei unterstützen, Aufgaben und Probleme selbst zu lösen, indem sie dessen Fähigkeit zum lebenslangen Lernen fördern. Im Mittelpunkt steht dabei die Förderung der Selbstkompetenz der Menschen, ihre berufliche Entwicklung zukunftsorientiert und fundiert zu analysieren, mittel- bis langfristig zu planen und proaktiv zu gestalten. Lösungswege sollen nicht einseitig vorgegeben werden, sondern durch die Coachees selbst entwickelt werden, da nur so ihre Selbststeuerungskompetenz zum Aufbau und Ausbau ihrer Beschäftigungsfähigkeit nachhaltig gefördert werden kann." (Laske et al. 2007)

Durch die Konzentration auf den Lernenden erfolgt ein Ausschluss der anderen im Bildungsprozess involvierten Akteure, ob im direkten Kontakt mit dem Lernenden als Lehrende und Wissensvermittler oder als andere am Lernprozess Beteiligte, beispielsweise als Ermöglicher einer lernförderlichen Umwelt.

■ **Blickwinkel Arbeitnehmer**

Die folgende Definition aus dem Jahr 2003 stammt aus dem betrieblichen Kontext. Der Deutsche Gewerkschaftsbund (DGB) initiierte ein Projekt zur Entwicklung eines ganzheitlichen Bildungscoachings für Beschäftigte mit einfachen bis mittleren Qualifikationen. Die Arbeitgeber waren kleine und mittelständische Betriebe der Metall- und Elektroindustrie sowie Betriebe aus dem Sozial- und Gesundheitswesen in Hamburg und Süddeutschland. Dem Konzept zugrunde liegt die Hypothese, dass sich Unternehmen und Mitarbeiter in einer sich schnell verändernden Umwelt mit zunehmendem, auch internationalem Wettbewerbsdruck und kürzeren Produkt- und Innovationszyklen bewegen, mit der Konsequenz, dass daraus eine permanente Veränderung der Qualifikationsanforderungen der Arbeitnehmer resultiert. Demzufolge besteht die Notwendigkeit zum Lebenslangen Lernen und zur aktiven Sicherung der Beschäftigungsfähigkeit des Einzelnen. Durch die erhöhten Anforderungen wird es für die Person jedoch schwieriger, Beruf und Privatleben zu vereinbaren, sodass beispielsweise das Thema Work-Life-Balance als Teil des Tätigkeitsspektrums identifiziert wird. Deffner und Laux (2003) definieren Bildungscoaching vor dem Hintergrund des gezielten Einsatzes im Unternehmenskontext wie folgt:

Definition Bildungscoaching

Bildungscoaching ist die Zusammenführung vorhandener Fähigkeiten, Kenntnisse und Begabungen mit neuen Qualifikationen und die Unterstützung beim Qualifikationserwerb. (Deffner und Laux 2003, S. 7)

Bildungscoaching soll die Mitarbeiter bei der Entwicklung und Anwendung von neuen Strategien des Kompetenz- und Qualifikationserwerbs unterstützen. Darüber hinaus dient Bildungscoaching der Verknüpfung von neuen Qualifikationen mit bereits vorhandenem Wissen. Die Selbstmanagementkompetenzen sollen gefördert und Orientierung über Entwicklungsmöglichkeiten geschaffen werden. Im Mittelpunkt des Bildungscoachings stehen Qualifikationsberatung und -entwicklung, Laufbahn- und Karriereberatung sowie Kompetenzentwicklung.

Daraus resultieren folgende Coaching- und Beratungsthemen(Deutscher Gewerkschaftsbund (DGB) 2003, S. 13):

- Kompetenzermittlung, Stärken- und Schwächenanalyse
- Zusammenführung bereits vorhandener Fähigkeiten und Kenntnisse der Klienten mit neuen Qualifikationen und die Unterstützung beim Qualifikationserwerb
- Qualifikationsberatung und -entwicklung
- Selbstmanagementkompetenzen fördern (Kompetenzentwicklung)
- Umsetzungs- und Lernprozessbegleitung, Lernen im Prozess der Arbeit
- Karriere- und Laufbahnberatung
- Verbesserung der Vereinbarkeit von Leben und Arbeiten (Work-Life-Balance)

- **Blickwinkel Pädagogische Psychologie**

Bildung beinhaltet sowohl Lernen als auch Lehren. Ein auf „Lernen" fokussierter Terminus aus der neueren wissenschaftlichen Literatur ist der Begriff Lerncoaching. Der Ausdruck wurde Ende der 1990er-Jahre an der Universität Kiel geprägt und kommt aus dem Bereich der Pädagogischen Psychologie. Diese Fachrichtung versteht sich traditionell als Teilbereich der Psychologie unter Berücksichtigung von Erkenntnissen der Empirischen Bildungsforschung und Pädagogik. Aufgaben der Pädagogischen Psychologie sind neben der Gewinnung von wissenschaftlichen Erkenntnissen zu konkreten pädagogischen Situationen auch die Professionalisierung der pädagogischen Akteure (Seidel et al. 2014, S. 26).

Nicolaisen (2013) definiert Lerncoaching durch Anpassung einer allgemein gefassten Definition für Coaching von Migge (2009) wie folgt:

Definition Lerncoaching

[…] individuelle und kontextbezogene Lernberatung. Dabei werden Probleme, Ziele, Visionen und Ressourcen geklärt, persönliches Feedback gegeben, Bewältigungs- und Umsetzungsstrategien erarbeitet und trainiert. (Nicolaisen 2013, S. 13)

Dabei wird mit der Gesamtpersönlichkeit der Lernenden gearbeitet und lernbeeinflussende Faktoren wie beispielsweise der Lehrende, die persönliche Motivation, Mitlerner und Lerninhalte werden einbezogen. Es wird unterstellt, dass der personale Faktor des Lehrenden und das Geschehen rund um den Lernprozess einen erheblichen Einfluss auf den Lernerfolg haben. Das bedeutet, dass in Lerncoaching-Sitzungen Themen bearbeitet werden können, die zwar inhaltlich wenig Berührungspunkte mit dem Lerngegenstand zu haben scheinen, denen aber dennoch maßgebliche Auswirkungen auf den Lernerfolg zugeschrieben werden (Nicolaisen 2013, S. 15).

Ebenfalls aus der Pädagogischen Psychologie stammt die Einordnung von Coaching als besondere Form der Supervision von Personen in Leitungsfunktionen.

2

Coaching als Leitungssupervision verfolgt drei Aufgaben:

- die Organisation im Sinne der Erwartungen und Anforderungen des Trägers zu führen,
- den Erwartungen der Mitarbeiter gerecht zu werden und diese gegenüber dem Träger zu vertreten,
- den Erwartungen der Klientel, für die die Organisation ihre Dienstleistungen anbietet, entgegenzukommen. (Gerich et al. 2014, S. 538 f.)

2.4 Abgrenzung zu verwandten Beratungsformaten

Bildungscoaching ist zunächst ein theoretisches Konstrukt, das für den Transfer in Praxis mit Inhalt gefüllt werden muss. Im vorstehenden Kapitel haben wir begonnen, den Begriff anhand von verschiedenen Ansätzen zu operationalisieren. Nun nähern wir uns dem Thema von einer zweiten Seite, indem wir feststellen, was Coaching nicht ist, wohlwissend, dass in beratenden Formaten grundsätzlich die Grenzen fließend sind (Buer 2005, S. 278 ff.).

Wer auf der Suche nach einem geeigneten Coach das Internet durchforstet, wird feststellen, dass Anbieter in diesem Bereich unterschiedlichste Berufsbezeichnungen wie Lern-Coach, Lernberater, Schüler-Coach, Studenten-Coach, Study-Coach oder Bildungsberater tragen. Sie arbeiten selbstständig, angestellt in Studienberatungen, verbeamtet als Schulpsychologen oder üben ihre Tätigkeit im Rahmen einer ehrenamtlichen Tätigkeit in einer Initiative oder einem Verein aus. Coaches, die explizit „Bildungscoach" im Außenauftritt führen, sind selten. Im sozialen, auf Business-Kontakte spezialisierten, Netzwerk XING beträgt das Ergebnis 652 Treffer mit dem Suchbegriff „Bildungscoach", wobei dieser oft mit dem Begriff „Bildungsberater" kombiniert wird. Zum Vergleich: der Begriff „Business-Coach" erzielt über 10.000 Treffer (Stand 21.04.2018).

Rund um das Thema Bildung existiert eine Vielzahl von Beratungsangeboten. Da eine ganzheitliche Betrachtungsweise Bestandteil jedes Coachings ist und damit auch Aspekte aus anderen Beratungsformen nicht automatisch ausgeschlossen oder vermieden werden können, ist eine trennscharfe Abgrenzung zwischen Beratung, Therapie und Coaching und im besonderen Fall des Bildungscoachings auch zur Schulsozialarbeit nicht immer möglich.

Daher ist es sinnvoll, zwischen *Formaten* und *Verfahren* zu unterscheiden. *Formate* sind beispielsweise Coaching, Supervision, Psychotherapie, Organisationsberatung oder Coaching. *Verfahren* bezeichnen die eingesetzten Methoden wie personenzentrierte Gesprächstherapie, Psychodrama oder neurolinguistisches Programmieren. Diese werden eingesetzt, um das Format mit Leben zu füllen (Buer 2005, S. 280). Methodische Überschneidungen sind daher zwangsläufig vorprogrammiert (◘ Abb. 2.6). Häufig muss der Coach fallweise entscheiden, ob das Thema in seinen Kompetenzbereich fällt. Dabei ist dies weniger eine Frage der Methodik, sondern des inhaltlichen Umfangs und der erwarteten Komplexität. Die Professionalität des Coaches zeigt sich dabei in der Situationsanalyse, der Selbstreflexion, der Kenntnis der eigenen Kompetenzen und Grenzen und dem daraus resultierenden Umgang mit den aufgeworfenen Themen.

Charakteristische Merkmale eines Coachingprozesses sind Freiwilligkeit, Vertraulichkeit und gegenseitige Akzeptanz. Coaching als Form der Beratung unterscheidet sich von klassischer Beratung durch das Selbstverständnis des Coaches, der nicht als Fachexperte für das Thema auftritt und den Beratungsprozess methodisch nicht aber inhaltlich steuert. Es handelt sich dabei um einen vertikalen Beratungsprozess. Im Gegensatz zu einem

Abb. 2.6 Beratungsangebote (eigene Darstellung) ©

horizontalen Beratungsprozess, bei dem der Berater als Fachexperte auftritt, belehrt der Coach den Klienten nicht, sondern agiert als gleichberechtigter Gesprächspartner auf Augenhöhe.

Beispiel: Coachingbeziehung auf Augenhöhe

Wenn ein Dozent oder Lehrer als interner Bildungscoach auftritt, kann seitens des Klienten ein gefühltes hierarchisches Gefälle zwischen Lehrendem und Lernendem entstehen, da der Coach nach oder zeitgleich zum Coaching in seiner Rolle als Lehrender die Leistung seines Klienten bewertet und damit direkt oder indirekt Macht ausübt. Daher ist neben der klaren Rollenklärung durch den Coach fallweise zu prüfen, auf welcher Grundlage die Beziehung zwischen Coach und Klient steht und welche Themen in diesem Kontext für eine Bearbeitung geeignet sind.

■ **Abgrenzung zu Psychotherapie**

Coaching befasst sich in Unterscheidung zur Psychotherapie nicht mit pathologischen Themenstellungen. Wie bei anderen Formen von Coaching (Business Coaching, Sport-Coaching etc.) muss der Bildungscoach in der Lage sein, die Grenzen seines Einsatzgebietes zu erkennen und zu wahren. Dies ist beispielsweise der Fall, wenn eine psychische Störung, wie eine Angststörung, Zwänge oder eine schwere Depression, vermutet wird. In diesem Fall muss der Bildungscoach seine fachlichen Grenzen klar erkennen und abstecken (■ Abb. 2.7). Hier kann seine Aufgabe beispielsweise darin bestehen, das Coaching abzubrechen oder abzulehnen und auf andere geeignete Beratungsangebote oder psychologische Hilfen zu verweisen.

2

▣ **Abb. 2.7**   Coaching ist
nicht Psychotherapie (eigene
Darstellung) ©

Beispiel: Grenzen von Coaching

Ein Studierender wendet sich an den Bildungscoach, um Strategien bei der Bewältigung seiner Prüfungsangst zu entwickeln, die ihn daran hindert, Studienmodule im Rahmen seiner Zeitplanung abzuschließen. Im Erstgespräch stellt sich heraus, dass der Studierende unter Zwängen leidet, die ihm die Vorbereitung von Klausuren bereits in der Abiturphase erschwert haben. Da der Bildungscoach kein ausgebildeter Psychologe ist, empfiehlt er dem Studierenden, eine psychologische Beratung in Anspruch zu nehmen.

■   **Abgrenzung zu Schulsozialarbeit**

Im Gegensatz zum Coaching hat Soziale Arbeit (▣ Abb. 2.8) eine bedeutend längere Tradition, ausgehend von einem sozialen Aufbruch in der Pädagogik zu Ende des 19. Jahrhunderts und beginnend mit der Entwicklung von neuen Ansätzen zur Gemeinschaftserziehung über die Entwicklung der methodischen Einzelhilfe bis zur psychosozialen Behandlung. Wie beim Coaching kommen dabei Verfahren aus der humanistischen Psychologie wie klientenbezogene, non-direktive Gesprächstherapie, Gestalttherapie, Themenzentrierte Interaktion, Psychodrama, Biofeedback, NLP oder systemische Beratung zur Anwendung. Dabei verfolgt die Sozialarbeit den gleichen Weg wie andere therapierende und beratende Berufe von der Therapie weg in Richtung Beratung (Wendt 2017, S. 315). Nicht verwunderlich also, dass sich bei der Deutschen Gesellschaft für Beratung e.V. als übergeordnete Organisation für 23 Verbände (Stand 04/2018) sowohl Coaching als auch Sozialarbeit unter einem Dach begegnen.

Abb. 2.8 Schulsozial-
arbeit (eigene Darstellung) ©

Der deutsche Berufsverband für Soziale Arbeit (DBSH) übersetzt die Definition der International Federation of Social Workers aus dem Jahr 2014 wie folgt:

Definition Soziale Arbeit

„Soziale Arbeit ist eine praxisorientierte Profession und eine wissenschaftliche Disziplin, dessen bzw. deren Ziel die Förderung des sozialen Wandels, der sozialen Entwicklung und des sozialen Zusammenhalts sowie die Stärkung und Befreiung der Menschen ist. Die Prinzipien der sozialen Gerechtigkeit, die Menschenrechte, gemeinsame Verantwortung und die Achtung der Vielfalt bilden die Grundlagen der Sozialen Arbeit. Gestützt auf Theorien zur Sozialen Arbeit, auf Sozialwissenschaften, Geisteswissenschaften und indigenem Wissen, werden bei der Sozialen Arbeit, Menschen und Strukturen eingebunden, um existenzielle Herausforderungen zu bewältigen und das Wohlergehen zu verbessern."

In Abgrenzung zum personenzentrierten Coaching versteht sich Sozialarbeit somit primär als *gesellschaftliche Aufgabe mit Personenbezug*. Daher werden die Träger von Sozialarbeit in öffentliche oder freie Träger unterschieden und der Einsatz von verschiedenen gesetzlichen Vorgaben wie dem Kinder- und Jugendhilfegesetz (KJHG), dem Bundessozialhilfegesetz (BSHG) und der Sozialgesetzbuch 1. Buch (SBG I) geregelt. Schulsozialarbeit befindet sich dabei im Spannungsfeld zwischen Schule und Jugendhilfe, die in ihren Zielen, Ausführungen, der Wahrnehmung des Erziehungsauftrags wie auch der Maßnahmen sehr unterschiedlich und nicht immer kompatibel sind (Just 2016, S. 17).

Der Unterschied zu Coaching besteht daher weniger in der Zielgruppe, den Anlässen oder der Auswahl der Methoden als im Auslöser (wer stößt den Prozess an?) und im Setting.

» „Es zeigt sich, dass immer wieder das Wechselverhältnis zwischen der zivilen und öffentlichen Bearbeitung sozialer Probleme und der beruflichen Sozialen Arbeit zu reflektieren ist. Die Profession bewirkt viel in Diensten an Menschen und mit ihnen individuell, vernetzt und gemeinschaftlich [sic]. Sie kann aber, was zum Wohl ihrer Adres-

2

saten erreicht wird, nicht allein für sich beanspruchen, weil Betroffene ihre Probleme mit Hilfe aber auch ohne Unterstützung bewältigen und weil sie dabei im Schlechten wie im Guten in gesellschaftliches Geschehen einbezogen waren, sind und bleiben." (Wendt 2017, S. 385)

Beispiel: Mobbing

Leon ist mit seiner Familie aus einer Kleinstadt in Schleswig-Holstein in einen gutbürgerlichen Stadtteil einer süddeutschen Großstadt gezogen und besucht jetzt die 8. Klasse eines nahegelegenen Gymnasiums. Seit einigen Wochen kommt er regelmäßig mit Bauch- oder Kopfschmerzen nach Hause und reagiert aggressiv auf die Nachfragen seiner besorgten Eltern. Durch einen Anruf der Schule erfahren die Eltern schließlich, dass Leon bereits einige Male die Schule geschwänzt und Entschuldigungen gefälscht hat. Die Schule macht einen Besuch bei ihrer Sozial-Beratungsstelle zur Auflage. Leon fasst Vertrauen zur Schulsozialarbeiterin. Ihr erzählt er, dass er in der Klasse gemobbt wird und daher nicht mehr zur Schule gehen mag. Die Schulsozialarbeiterin initiiert ein Anti-Mobbing-Training in Leons Jahrgang.

■ **Abgrenzung zu Supervision**

» *Supervision entstand vor über hundert Jahren in den USA und in Europa im Kontext aufkommender Wohlfahrtsaktivitäten zur Stützung von Berufsanfängern und ehrenamtlichen Helfern, damit diese die Balance von Hilfe und Kontrolle bei der Arbeit mit ihren Klienten halten konnten.* (Buer 2005, S. 282)

Supervision ist ein Instrument der Qualitätskontrolle und -sicherung im Hinblick auf die Professionalisierung in der Arbeit Menschen, dass sich mit Beginn des 20. Jahrhunderts zunächst in der Sozialarbeit und später Teilen des Gesundheitsbereichs, des Bildungsbereichs, des Pastoralbereichs und des Justizsektors etablierte. Auch im Wirtschaftssektor fand sie beispielsweise in Form von Ausbildungssupervision Einsatzmöglichkeiten (Buer 2005, S. 283). Inhalte von Supervision sind die Klärung der Berufsrolle und die Erweiterung der Wahrnehmungs-, Kommunikations- und Konfliktfähigkeit. Kernelement ist die Reflexion des eigenen beruflichen Handelns (Ebner 2014, S. 29). Als Instrument der Qualitätssicherung dient die Supervision auch bei Coaches dazu, professionell und situationsangemessen agieren zu können. Im schulischen Kontext wurde Supervision ab den 50er-Jahren des 20. Jahrhunderts eingesetzt, insbesondere zunächst in der Lehrerschaft, später auch im Hinblick auf Personen mit Leitungsfunktionen. Durch die Supervision sollen schwierige oder gestörte Interaktionsprozesse besser verstanden und bewältigt werden (Ehinger und Hennig 1994, S. 11). Zielsetzungen sind dabei neben der professionellen Rollenausübung auch der Erhalt der Lehrergesundheit und die Burnout-Prävention.

Während Supervision unter anderem die Persönlichkeit der Klienten für die Gesprächsführung mit den Schülern und Eltern stärken soll, geht es bei Coaching im Sinne von Personalentwicklung um die Förderung der beruflichen Funktionsfähigkeit der Klienten. Dies beeinflusst auch den Blick auf das Umfeld: Bei Supervision geht es primär um Beziehungsgestaltung, während Coaching die systemischen Aspekte von Organisationen einbezieht (Schreyögg 2003, S. 217 ff.).

Abb. 2.9 Supervision findet meist im Gruppensetting statt (eigene Darstellung) ©

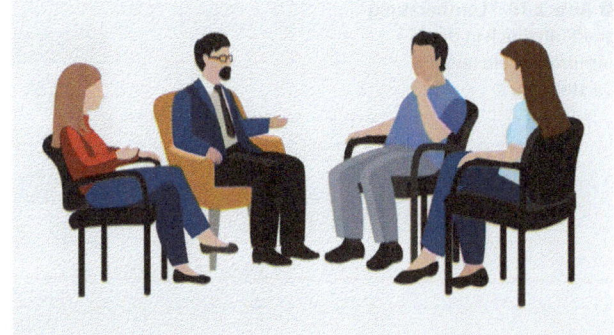

In der Praxis sind die Überschneidungen zu Coaching sind fließend. Das Landesinstitut für Schule Bremen LIS (2018) führt auf seiner Homepage im Bereich Gesundheitsförderung unter dem Stichwort Supervision verschiedene Anlässe auf, die in gleicher oder ähnlicher Form auch durch Coaching bearbeitet werden können.

Anlässe für Supervision im Kontext Schule (LIS 2018):
- Kontinuierliche Begleitung und Unterstützung im sozial höchst anspruchsvollen Arbeitsfeld Schule
- Zunehmende Anforderungen, schwierige Lerngruppen, ungelöste Konflikte
- Beratung und Unterstützung in einer beruflichen Krise
- Klärung und Reflexion des Selbstverständnisses
- Berufseinstieg
- Stellenwechsel, die Übernahme neuer Aufgaben
- Begleitung erster Praxisschritte in Ausbildung-, Fort- und Weiterbildung
- Planung und Übernahme von Leitungstätigkeit
- Klärung und Reflexion der Leitungstätigkeit und Leitungsrolle

Im Unterschied zum Coaching wird bei der Supervision häufig mit Gruppensettings (Abb. 2.9) gearbeitet, wobei Einzelsettings auch möglich, aber nicht die Regel sind.

Die Grenzen sind auch in der Fachliteratur fließend. Beispielsweise wird Coaching als besondere Form der Supervision von Personen mit Leitungsfunktion eingeordnet (Gerich et al. 2014, S. 538) oder als Beispiel für Supervision in der Schule ein „Fachspezifisch-pädagogisches Coaching" beschrieben, bei dem den Lehrkräften ein Coach zur Seite gestellt wird, der inhaltliche Mit-Verantwortung für die Gestaltung der Unterrichtseinheit übernehmen soll. Damit soll zunächst die Gestaltung eines für Schüler optimalen Unterrichts und langfristig die nachhaltige Entwicklung von Unterrichtskompetenz gefördert werden (Gerich et al. 2014, S. 541). Die Komponente der Übernahme von Verantwortung für den Inhalt durch den Coach widerspricht jedoch dem grundsätzlichen Verständnis von Coaching, bei dem die inhaltliche Verantwortung beim Coachee bleibt.

2

☐ Abb. 2.10 Lernberatung greift inhaltlich in den Lernprozess ein (eigene Darstellung) ©

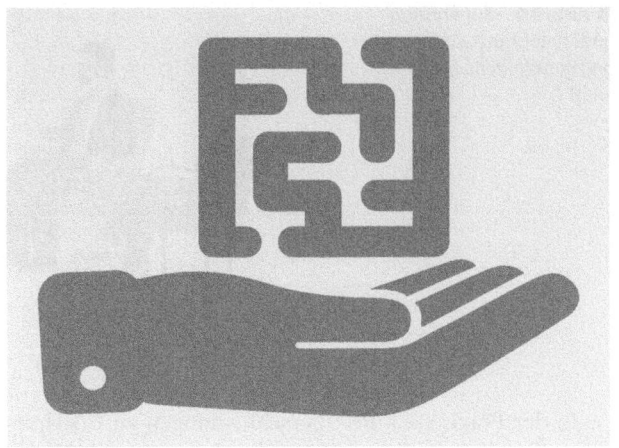

- **Abgrenzung zu Lernberatung**

Bildungscoaching ist lernstoffunabhängig und ganzheitlich. Im Fokus von Coaching stehen lernbeeinflussende Faktoren wie die persönliche Lernmotivation, der Einfluss von Mitschülern, Kommilitonen oder Lehrenden, eigene und fremde Erwartungen oder das Umfeld. Im Gegensatz dazu zielt Lernberatung als didaktische Form der Beratung darauf ab, in den Lernprozess inhaltlich steuernd einzugreifen (☐ Abb. 2.10). Die Vermittlung oder Festigung von Fachwissen durch Tutorien, Nachhilfe oder Hausaufgabenhilfe ist nicht Bestandteil von Bildungscoaching, wenngleich im Bildungscoaching eine fachliche Informationsvermittlung in klar gesteckten Grenzen durchaus möglich ist.

Beispiel: Prüfungsvorbereitung

Eine Fernstudierende wendet sich an den Bildungscoach, weil sie im Modul Quantitative Methoden und Statistik bereits einmal durchgefallen ist. Die Aufgabe des Bildungscoaches kann es dabei nicht sein, durch Erklärungen und Übungsaufgaben inhaltlich nachzuarbeiten. Der Coach kann die Klientin jedoch dabei unterstützen, neue Lernstrategien zu erarbeiten und anzuwenden oder Themen rund um die persönliche Motivation zu bearbeiten.

- **Abgrenzung zu Studienberatung und Karrierecoaching**

Studienberatung

Wenn man die verschiedenen Facetten von Laufbahnberatung in einem permanenten Prozess von der ersten Ausbildungs- oder Studienwahl bis zur Begleitung im Beruf betrachtet, siedelt sich Bildungscoaching zwischen Weiterbildungsberatung (hier am Beispiel Studienberatung) und Karrierecoaching an. Die Aufgabe von Studienberatung besteht zumeist darin, Studierende in Bezug auf die Studienplatzwahl, administrative Anforderungen der Hochschulen und die Studienorganisation zu beraten. Eine Überschneidung zu Bildungscoaching ergibt sich hingegen im Bereich der Studienorientierungsberatung, die von den meisten Hochschulen in den letzten Jahren verstärkt angeboten wird (☐ Abb. 2.11).

Abb. 2.11 Studienberatung als Angebot der Hochschulen (eigene Darstellung) ©

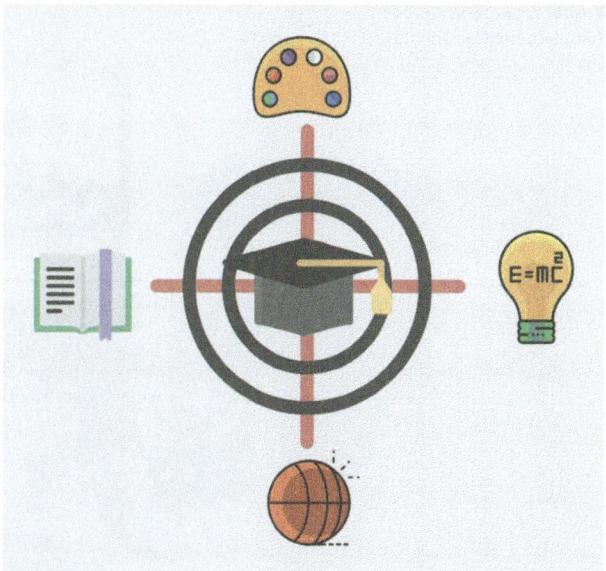

Beispiel: Berufsorientierung

L. macht im nächsten Jahr Abitur. Sie interessiert sich für Literatur und gibt jüngeren Schülern Nachhilfe in Deutsch und Geschichte. Ihre Eltern sind selbstständige Rechtsanwälte und möchten die Kanzlei gerne später an die Tochter übergeben. L. ist jedoch unsicher, ob sie Jura studieren möchte. Die Tutorin ihres Leistungskurses rät ihr zu einer Studienberatung. Nach der Ermittlung ihrer bisher schulisch und außerschulisch erworbenen Kompetenzen und ihrer persönlichen Interessen formuliert L. berufliche Wünsche und Erwartungen an das Studium und die Zeit nach dem Abitur.

- **Karrierecoaching**

Karrierecoaching (**Abb. 2.12**) dient dazu, Menschen in beruflicher (Neu)- Orientierung dabei zu unterstützen, Ziele, nächste Schritte oder konkrete Lösungsstrategien im Hinblick auf die erfolgreiche Berufslaufbahn zu entwickeln und anzuwenden.

Dabei kann eine Entscheidung für den Beginn einer Aus- oder Weiterbildung gefällt werden, muss jedoch nicht unbedingt konkreter Bestandteil des ursprünglichen Auftrags sein.

Beispiel: Karrierecoaching

Herr F. ist seit seiner Ausbildung bei einem mittelständischen Unternehmen beschäftigt, in dem er sich sehr wohl fühlt. Seit drei Jahren ist er als Projektleiter für ein Team mit zwei Mitarbeitern verantwortlich und plant den nächsten Karriereschritt. Sein Vorgesetzter geht in zwei Jahren in Rente und fördert ihn als potenziellen Nachfolger. Gerne würde er dessen Position übernehmen. Die Personalabteilung hat ihm jedoch signalisiert, dass dazu laut Stellenbeschreibung mindestens ein grundständiges Studium erforderlich ist und er daher für die Stelle nicht in Frage kommt. Obwohl Herr F. dem Unternehmen langjährig verbunden ist, überlegt er einen Arbeitgeberwechsel, durch den er sich bessere Aufstiegsmöglichkeiten erhofft. Er bucht ein Karrierecoaching, um sich über seine nächsten Schritte klar zu werden.

2

2.5 Definition

Vor dem theoretischen Hintergrund der verschiedenen Fachdisziplinen existieren vielfältige Varianten zur Definition von Bildungscoaching. Die Komplexität erhöht sich durch
die Verwendung von unterschiedlichen Begrifflichkeiten aus den Feldern Coaching und
Beratung, die, wie zuvor beschrieben, teilweise eine synonyme, teilweise auch eine unterschiedliche Bedeutung haben.

Aus den vorstehend beschriebenen Ansätzen haben wir eine Definition entwickelt. In
Analogie zum Business Coaching, welches sich in den Anfängen ausschließlich an Führungskräfte richtete, das heute aber einem viel größeren Personenkreis zugänglich ist, legen
wir dabei Wert auf die Integration *aller* direkt und indirekt am Bildungsprozess Beteiligten.

> **Definition Bildungscoaching**
>
> Unter Bildungscoaching verstehen wir die personenorientierte Beratung von
> Lernenden, Lehrenden und anderen Beteiligten bei der Anbahnung, Planung und
> Umsetzung von Lehr-/Lernprozessen. Gegenstand sind Fragen und Probleme, die
> auf den Bildungsprozess bezogen sind mit dem Ziel der Erreichung selbstkongruen-
> ter Ziele oder zur bewussten Selbstentwicklung.
>
> Davon abzugrenzen sind inhaltliche Lernberatung, Laufbahnberatung sowie die
> Beratung und Psychotherapie.

In diesem Kontext gelten die allgemeinen Anforderungen für professionelles Coaching,
wie beispielsweise Rauen (2005, S. 68 ff.) detailliert aufführt, unabhängig vom Einsatz-
gebiet weiter: Die Beziehung muss auf Freiwilligkeit und Vertraulichkeit gründen. Der
Coach übernimmt die Verantwortung für den Prozess, während die inhaltliche Verant-

wortung beim Coachee verbleibt. Diese Komponente ist ein wesentlicher Aspekt zur Wahrung einer ausgeglichenen Beziehung im Sinne der im Coaching angestrebten Beziehung auf Augenhöhe zwischen Coach und Klient.

Wir sind uns bewusst, dass dabei nicht immer eine trennscharfe inhaltliche Abgrenzung zu anderen Beratungsformaten vorgenommen werden kann. Die Reflektion und Einschätzung des jeweiligen Aufgaben- und Tätigkeitsspektrums obliegt schlussendlich den in diesem breiten Beratungsspektrum Tätigen. Ausgangspunkt der Beurteilung sollte die Zielsetzung und Aufgabenstellung des Coachings sein. Hier ist die Professionalität des jeweiligen Coaches gefragt, um eine fallweise Situationsbewertung vorzunehmen und die eigenen Kompetenzen und Grenzen zu erkennen und entsprechend zu handeln.

2.6 Befragung von Bildungscoaches

Die vorgenannte Definitionsfindung bildete die Grundlage zur Befragung von insgesamt 50 Coaches, die an einer anonymen Online-Befragung im Zeitraum von März bis April 2018 teilgenommen haben. Ziel der Befragung war, sich dem Thema aus Perspektive der Coaches anzunähern und Rahmendaten, Themen, Anlässe, Zielgruppen und Zugänge zu Coaching im Bildungsbereich zu ermitteln. Aus diesem Grund wurden ausschließlich Personen um ihre Teilnahme gebeten, die aktiv als Coach im Bildungsbereich arbeiten. Dieses Kriterium wurde durch entsprechende Fragestellungen zu Beginn der Umfrage sichergestellt. Somit verließ bei der zweiten Frage „Seit wie vielen Jahren arbeiten Sie als Coach im Bildungsbereich?" ein Teilnehmer die Umfrage.

Die Teilnehmer wurden sowohl über persönliche Kontakte im Rahmen unserer Recherchen als auch über entsprechende Gruppen auf professionellen sozialen Netzwerken akquiriert. Der Fragenkatalog umfasste 27 Fragen zur:

- Person des Coaches
- beruflichen Erfahrung
- Kompetenzen
- Organisationsformen
- Zielgruppen
- Anlässen
- Themen
- Methoden
- Evaluation
- Vermarktung und Finanzierung

Die Ergebnisse werden in ▶ Kap. 5 vorgestellt.

Literatur

Böning, U., & Kegel, C. (2015). *Ergebnisse der Coaching-Forschung: Aktuelle Studien – ausgewertet für die Coaching-Praxis.* Berlin/Heidelberg: Springer.

Böning, U., & Strikker, F. (2014). Ist Coaching nur Reaktion auf gesellschaftliche Entwicklungen oder auch Impulsgeber? *Organisationsberatung, Supervision, Coaching, 21*(4), 483–496. https://doi.org/10.1007/s11613-014-0397-6.

Buer, F. (2005). Coaching, Supervision und die vielen anderen Formate – Ein Plädoyer für ein friedliches Zusammenspiel. *Organisationsberatung, Supervision, Coaching, 12*(3), 278–296. https://doi.org/10.1007/s11613-005-0114-6.

2

Bundesministerium für Bildung und Forschung (BMBF). (2017). *Die wirtschaftliche und soziale Lage der Studierenden in Deutschland 2016–21. Sozialerhebung des deutschen Studentenwerks durchgeführt vom Deutschen Zentrum für Hochschul- und Wissenschaftsforschung.* Bonn/Berlin: BMBF. https://www. studentenwerke.de/sites/default/files/se21_hauptbericht.pdf. Zugegriffen am 21.04.2018.

Bund-Länder-Kommission. (2004). *Strategie für Lebenslanges Lernen in der Bunderepublik Deutschland* (No. Heft 115). Bonn: Bund-Länder-Kommission. http://www.blk-bonn.de/papers/heft115.pdf. Zugegriffen am 21.06.2017.

Deffner, S., & Laux, J. (2003). Beratungs- und Qualifizierungsprojekt LeA – Leben und Arbeiten. *FreQuenz Newsletter, 2,* 6–8. http://www.frequenz.net/index.php?id=7&tx_freqnewsletter_pi1[uid]=6&cHash=7fbbb1f1eb. Zugegriffen am 04.05.2017.

Deffner, S., Buck, H., & Lux, B. (2006). Bildungscoaching für das lebenslange Lernen. Theorie und Praxis des Bildungscoachings für Arbeitnehmer. *Personalführung, 39*(2), 30–38.

Deutscher Gewerkschaftsbund (DGB). (Hrsg.). (2003). Gut beraten für die Zukunft durch Bildungscoaching – Projektdokumentation/Zwischenbericht des Beratungs- und Qualifzierungsprojektes LeA des DBGB Bundesvorstandes. Erkrath: Toennes Druck+Medien GmbH. http://kvl-mv.de/fileadmin/media/Texte_Website/LEA_DGB_Bildungscoaching_Zwischenbericht_2005.pdf. Zugegriffen am 02.08.2017.

Ebner, K. (2014). *Ohne Klient kein Coaching: der Einfluss von Klienteneigenschaften auf die Wirkung von Coaching.* Berlin: Wissenschaftlicher Verlag Berlin.

Ehinger, W., & Hennig, C. (1994). *Praxis der Lehrersupervision: Leitfaden für Lehrergruppen mit und ohne Supervisor.* Weinheim: Beltz.

Ernst, H., & Westhoff, G. (2011). Heterogenität und Vielfalt in der beruflichen Bildung: Modellversuche erschließen Potenziale. In *bwp@ Spezial 5* (S. 1–16). Gehalten auf der Hochschultage Berufliche Bildung 2011, Einzelbeitrag aus Workshop. http://www.bwpat.de/ht2011/eb/ernst_westhoff_ws20-ht2011.pdf. Zugegriffen am 19.07.2018.

Gerich, M., Bruder, S., Hertel, S., Hascher, T., & Schmitz, B. (2014). Beratung, Intervention, Supervision. In T. Seidel & A. Krapp (Hrsg.), *Pädagogische Psychologie: mit Online-Materialien* (6., vollst. überarb. Aufl., S. 517–542). Weinheim, Basel: Beltz.

Greif, S. (2008). *Coaching und ergebnisorientierte Selbstreflexion: Theorie, Forschung und Praxis des Einzel- und Gruppencoachings.* Göttingen: Hogrefe.

Just, A. (2016). *Handbuch Schulsozialarbeit* (2., überarb. Aufl.). Münster/New York: Waxmann.

Landesinstitut für Schule Bremen. (2018). Supervision im schulischen Arbeitsfeld. https://www.lis. bremen.de/fortbildung/gesundheitsfoerderung/supervision-8528. Zugegriffen am 23.04.2018.

Laske, S., Orthey, A., & Schmid, M. (Hrsg.). (2007). *PersonalEntwickeln: Das aktuelle Nachschlagewerk für Praktiker. Köln*: Dt. Wirtschaftsdienst. https://www.personalwirtschaft.de/produkte/hr-lexikon/eintrag/bildungscoaching.html. Zugegriffen am 14.08.2018.

Migge, B. (2009). Coaching. Definitionen und Kommunikation. In I. Sachsenmeier (Hrsg.), *Die Coaching-Praxis: mit Methode zu neuen Perspektiven* (S. 73–118). Weinheim: Beltz.

Nicolaisen, T. (2013). *Lerncoaching-Praxis: Coaching in pädagogischen Arbeitsfeldern.* Weinheim: Beltz Juventa.

Rauen, C. (Hrsg.). (2005). *Handbuch Coaching* (3., überarb. u. erw. Aufl.). Göttingen: Hogrefe.

Schreyögg, A. (2003). Die Differenzen zwischen Supervision und Coaching. *Organisationsberatung, Supervision, Coaching, 10*(3), 217–226.

Seidel, T., Prenzel, M., & Krapp, A. (2014). Grundlagen der Pädagogischen Psychologie. In T. Seidel & A. Krapp (Hrsg.), *Pädagogische Psychologie: mit Online-Materialien* (6., vollst. überarb. Aufl.). Weinheim/Basel: Beltz.

Wendt, W. R. (2017). *Die Profession im Wandel ihrer Verhältnisse* (2., überarb. u. erw. Aufl.). Wiesbaden: Springer.

Anwendungsfeld Schule

© Springer Fachmedien Wiesbaden GmbH, ein Teil von Springer Nature 2019
G. Matthes, H. Garczorz, *Bildungscoaching*, https://doi.org/10.1007/978-3-658-23918-3_3

3

Coaching im Kontext der schulischen Bildung kann ein Bestandteil des Systems, beispielsweise durch Anbindung an die schulinterne Personalentwicklung, sein. Gleichzeitig existieren diverse externe Angebote für Coachings von Schülern, die analog der inhaltlichen Nachhilfe von individuell bis teilstandardisiert angeboten werden sowie von Coaches und Beratern individuell auf den Bedarf zugeschnittene Konzepte für einzelne Schulen. Durch die Darstellung von Akteuren, Zielen, Anlässen, Themen und theoretischen Konzepten als auch durch die beispielhafte Beschreibung von Zugängen und Angeboten aus der beruflichen Praxis wird ein Überblick über den Einsatz von Coaching im Anwendungsfeld Schule gegeben.

Rund 800.000 Lehrer unterrichten rund 11,0 Millionen Schülerinnen und Schüler an allgemeinbildenden und beruflichen Schulen in Deutschland (Statistisches Bundesamt (Destatis) 2018a). Der Anteil von Schülerinnen und Schülern mit Migrationshintergrund lag laut Mikrozensus im Jahr 2015 bei 32,5 % (Statistisches Bundesamt (Destatis) 2017). Die öffentliche Hand gibt für jede Schülerin und jeden Schüler insgesamt 7500 Euro pro Jahr aus (2015). Davon entfallen 80 % auf die Personalausgaben (Statistisches Bundesamt (Destatis) 2018b, S. 48) (◨ Abb. 3.1).

Die Bedeutung der Lehre in Schulen im gesamtwirtschaftlichen Zusammenhang und die Komplexität der Anforderungen, die an die Fähigkeiten der Lehrer gestellt werden, neben der Vermittlung von Inhalten auch maßgeblich zur Ausbildung von personalen und sozialen Kompetenzen von Heranwachsenden beizutragen, gelten als erwiesen. Durch die in Schulen stattfindenden Lern- und Bildungsprozessen wird ein entscheidender Einfluss

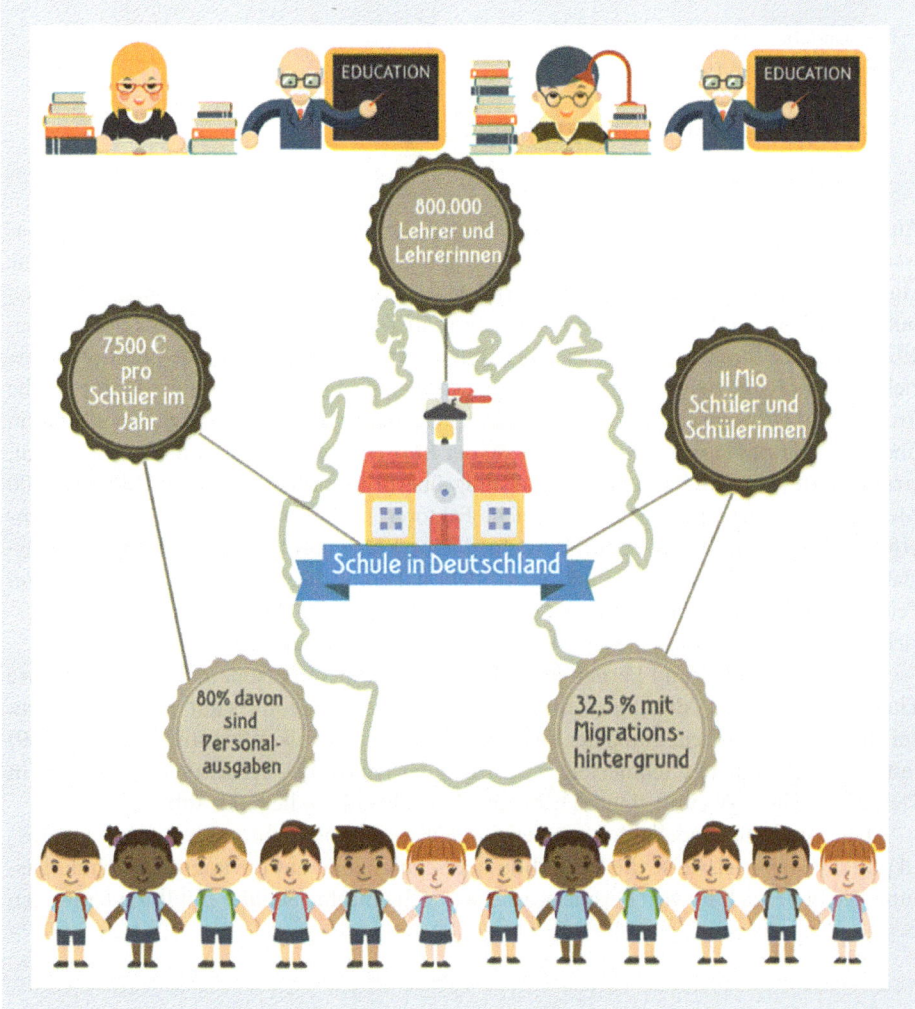

□ Abb. 3.1   Schule in Deutschland (eigene Darstellung nach Destatis) ©

auf die berufliche, persönliche und soziale Entwicklung von Schülern ausgeübt (Gräsel 2014, S. 407). Eines der am besten gesicherten und häufig thematisierten Ergebnisse der Schulforschung der letzten 20 Jahre ist die Bedeutung von Lehrkräften sowohl im Hinblick auf die Unterrichtsgestaltung als auch auf den Kontakt mit den einzelnen Schülern. Die schulischen Leistungen und damit die Schulqualität werden darüber hinaus von einer Vielfalt anderer Faktoren bestimmt.

Einflussfaktoren auf schulische Leistungen (Gräsel 2014, S. 408)
- soziokulturellen Rahmenbedingungen (Struktur und Bedingungen des jeweiligen Bildungssystems)
- familiären Hintergründe (Persönlichkeit der Eltern, Erziehungsverhalten, familiäre Lernumwelt)

3

- Gleichaltrigen
- der eigenen Persönlichkeit
- Medien
- der Schulumwelt und dem Klassenkontext

Aufgrund der Vielzahl von Elementen, die auf den Schulerfolg Einfluss nehmen, analysieren Wissenschaftler und Praktiker Lernbiografien und -prozesse, um durch eine Hierarchisierung die entscheidenden Erfolgsfaktoren gezielt für den Einsatz in Schulen nutzen zu können. Schuleffektivitätsforschung in Deutschland existiert bereits seit den 1970er-Jahren. Ihre Aufgabe ist es, zu ermitteln, wie die einzelne Schule und der Unterricht zum individuellen Lernerfolg beitragen können. Dabei werden Schwerpunkte auf die Prozesse auf der *Schulebene* (z. B. Schulleitung, Schulkultur, Schulcurricula, Koordination und Kooperation, Personalpolitik) und auf der *Klassenzimmerebene* (z. B. aktive Lernzeit, strukturiertes Lernen, Erwartungen, Leistungsüberprüfung) gelegt. Hattie (2009) hat 800 Metaanalysen daraufhin analysiert, welche Faktoren nachweisbare Effekte auf den Lernerfolg haben. Dabei zeigte er auf, dass eine kleine Klassengröße und die finanzielle Ausstattung einen vergleichsweise geringen Effekt haben, während sich die Häufigkeit von Feedback für Schüler, das Verhältnis zwischen Lehrern und Schülern sowie die im Unterricht eingesetzten Methoden signifikant auf den Lernerfolg auswirken.

Neben Lehrenden und Lernenden nehmen auch andere Personen, wie beispielsweise Eltern, Freunde oder Mitschüler, direkten oder indirekten Einfluss auf den Lernprozess. Im Hinblick auf die Bedeutung der diversen Akteure im Schulkontext stellte Hattie (2009) fest, dass die Hälfte des Schulerfolgs außerhalb der Person des Lernenden und weiter, im Detail betrachtet, zu rund einem Drittel bei den Lehrkräften liegt (◘ Abb. 3.2).

Dabei sind die Modelle der Schuleffektivitätsforschung nicht unumstritten. Ein Kritikpunkt ist beispielsweise die Reduktion der Schulqualität auf die kognitive Schülerleistung. Nicht betrachtet wird beispielsweise, wie sich einzelne Schüler mit ihren Umwelten

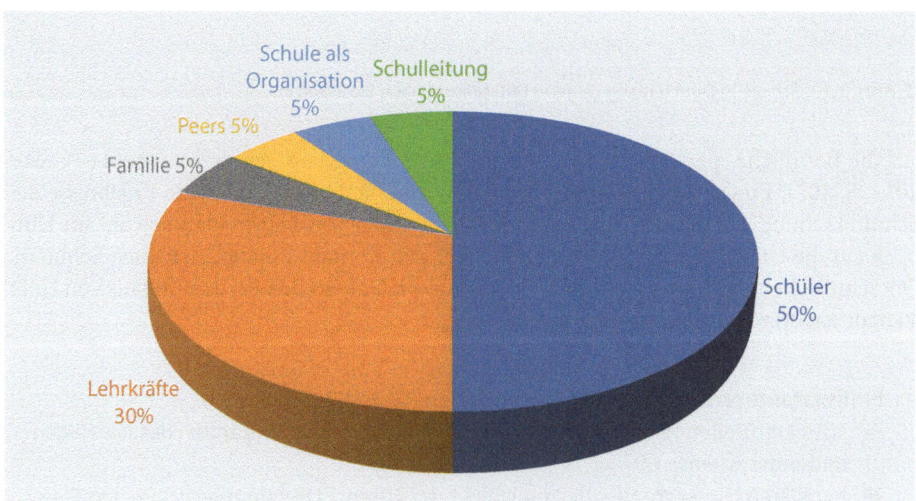

◘ **Abb. 3.2**   Einflussfaktoren auf den Schulerfolg (eigene Darstellung nach Hattie 2009)

auseinandersetzen und auf diese gestaltend einwirken. Zudem wird die Kombination mehrerer Maßnahmen oder die Interaktion einer Maßnahme mit Lernvoraussetzungen von Schülern nicht berücksichtigt (Gräsel 2014, S. 423).

3.1 Zielgruppen

Die grundlegende Bedeutung der Kompetenzen und des unterrichtlichen Handelns von Lehrenden auf die Lernentwicklung von Schülern gilt heute als erwiesen. Dies beinhaltet neben der Vermittlung von Lerninhalten auch die Förderung des Bewusstseins für das eigene Lernen und die Vermittlung von Lernstrategien (Lipowsky 2006, S. 64). Daher ist es sinnvoll, neben dem Coaching von Schülern auch das Coaching von Lehrern zu betrachten. Im Hinblick auf die Betrachtung von systemischen Aspekten der Organisation wird Coaching auch bei Personen mit Leitungsfunktion eingesetzt, so dass die Gruppe der Coachees in Schulen um eine dritte Gruppe, die Schulleiter, ergänzt wird.

■ **Schulleiterinnen und Schulleiter**
Schulleiter sehen sich einer Vielzahl von beruflichen Herausforderungen gegenüber, die aus der Bandbreite ihrer diversen Rollen als Führungskraft, Manager, Repräsentant der Schule und in vielen Fällen auch als Lehrer resultieren (◘ Abb. 3.3).

Vielfältige Erwartungen unterschiedlicher Interessengruppen, wie Schülern, Eltern, Lehrern, nicht pädagogischem Personal, Hausmeistern oder Schulpsychologen sowie der Schulverwaltung und dem Umfeld am Standort der Schule (Anlieger, Vereine, Politik) werden an die Schulleitung herangetragen. In ihrer „Sandwichposition" zwischen Schulbehörde und Kollegium, Schülern und Eltern sehen sie sich zunehmenden Forderungen nach Partizipation an Entscheidungsprozessen gegenüber. Steuer-

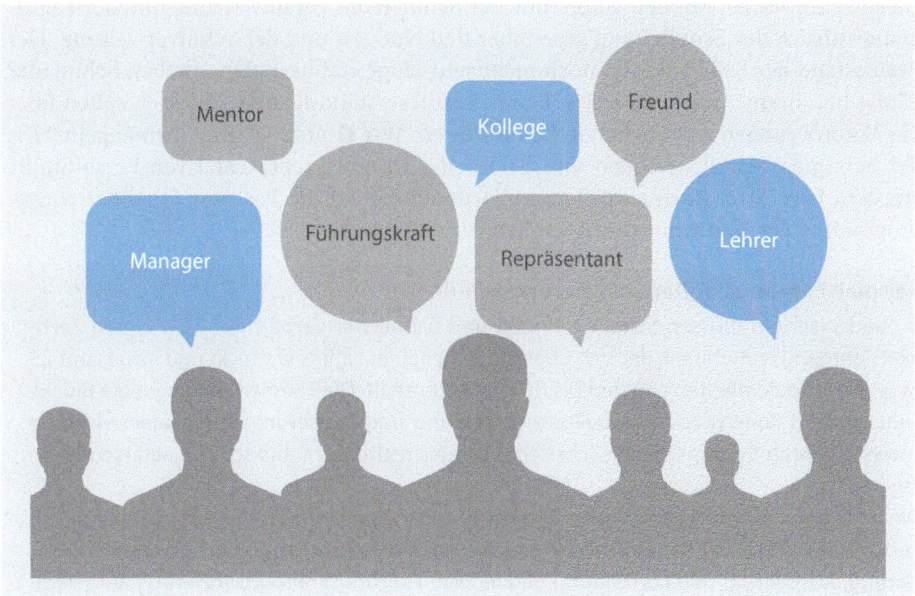

◘ **Abb. 3.3** Rollenvielfalt von Schulleitungen (eigene Darstellung) ©

3

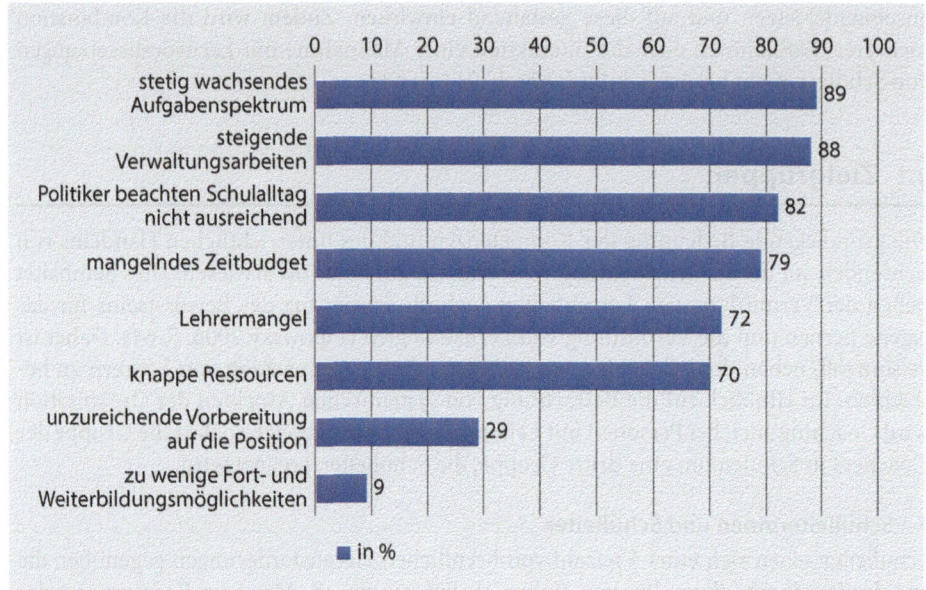

🔲 **Abb. 3.4**   Belastungsfaktoren für Schulleitungen (forsa Politik- und Sozialforschung GmbH 2018, S. 12)

gruppen, Projektgruppen oder Planungsteams übernehmen eigenständig Aufgaben der Qualitätssicherung und Schulentwicklung. Schulvereine üben durch die Organisation von Unterstützungsleistungen wie dem Betrieb der Schulkantine und der Verteilung von finanziellen Mitteln aus Beiträgen und Spenden Einfluss auf die Schulleitung aus. Gleichzeitig wächst mit der Autonomie der Schulen die Verantwortung und der Legitimationsdruck der Schulleitung gegenüber den Nutzern und der Schulverwaltung. Der Berufsstand der Schulleiter ist noch nicht sehr lange etabliert, daher haben Schulleiter häufig bei ihrem Amtsantritt kein klares Berufsverständnis und sind sich selten über die Anforderungen ihrer neuen Rolle im Klaren. Wie 🔲 Abb. 3.4 zeigt, bemängeln 29 % der befragten Schulleiterinnen und Schulleiter in einer repräsentativen Forsa-Studie aus dem Jahr 2018 die unzureichende Vorbereitung auf die Position. Qualifizierungsprogramme der Kultusministerien sollen Abhilfe schaffen.

Beispiel: Führungskräftequalifizierung Schule
In Niedersachsen müssen Schulleiterinnen und Schulleiter verpflichtend an einem Zertifikatslehrgang teilnehmen, der sich über die Dauer eines Jahres erstreckt und insgesamt 25 Tage mit Moduleinheiten von drei bis fünf Tagen enthält. Die Themen umfassen die Blöcke Führung und Rollenwechsel, Qualitätsentwicklung und -sicherung, Personalentwicklung sowie Schule als System (Niedersächsisches Landesinstitut für schulische Qualitätsentwicklung o. J.).
Die zum Bayerischen Kultusministerium gehörende Akademie für Lehrerfortbildung und Personalführung (ALP) hat eine umfangreiche, nach den Entwicklungsschritten Vorqualifizierung, Ausbildung und Fortbildung gegliederte Führungskräftequalifizierung aufgelegt, die diverse Modulbausteine von der Mitgestaltung bis zur Öffentlichkeitsarbeit anbietet (Akademie für Lehrerfortbildung und Personalführung o. J.).

Das Kollegium ist zudem in der Regel hoch qualifiziert, so dass der Schulleiter sich häufig als „primus inter pares" versteht. Weil die Ausbildung und Tätigkeiten innerhalb des Kollegiums vergleichsweise homogen ist, herrscht in den meisten Kollegien ein Gleichheitsprinzip, bei dem sich die Mitglieder in der Klasse als Einzelkämpfer sehen. Das sogenannte *Egalitäts-Autonomie-Syndrom* besagt, dass alle Mitglieder eines Kollegiums unabhängig von ihrer Erfahrung und Können gleichbehandelt werden wollen, während sie im Rahmen ihres Klassenkontexts autonom handeln. Dies kann dazu führen, das Bewertungen und Feedback vermieden, Unterschiede in der Performanz verschleiert und Lernen in der Organisation verhindert wird. Buhren und Rolff (2009, S. 61) bezeichnen das Konzept der Gleichheit als Mythos, weil es innerhalb des Kollegiums zumeist ein offenes Geheimnis ist, welcher Kollege „schwach" ist und mitgezogen wird. Anstatt in klar geregelten und mit transparenten Bewertungskriterien ausgestatteten formellen Prozessen wird die Kommunikation über berufsrelevante Fragen im informellen Raum bearbeitet, zumal offizielle Zeiten und Räume für die Gemeinschaftsthemen zumeist nicht vorgesehen sind (Buhren und Rolff 2009, S. 62 f.).

Beim Wechsel vom Kollegen zum Vorgesetzten kann es zudem zu Rivalitäten und Reibungen kommen, wenn die Schulleitung aus dem Kollegium rekrutiert wird. Teilweise unterrichten Mitglieder der Schulleitung darüber hinaus als Lehrende in Teilzeit, was zu zusätzlichen Rollenkonflikten und Überlastung führen kann (Guyer 2013, S. 192). Gleichzeitig steigt die Zahl der Verwaltungsaufgaben, die Schulen selbst übernehmen. Die Administration, Organisation und Koordination des Schulbetriebs nehmen einen Großteil der Zeit in Anspruch, Gebäuderenovierungen und Neubauten müssen koordiniert und Budgets verwaltet werden (Huber 2009, S. 18). Der Schulleiter wird zum Schul-Manager in einer Organisationsform, deren Unternehmenskultur und -dynamik mit der von privatwirtschaftlich geführten Unternehmen nicht vergleichbar ist.

Eine bundesweite Repräsentativbefragung (forsa Politik- und Sozialforschung GmbH 2018) zur Zufriedenheit von 1200 Schulleiterinnen und Schulleitern zeigt, dass zu der Frage, welches zurzeit die größten Probleme an ihrer Schule sind, die häufigsten Nennungen auf Aspekte entfallen, die von außen an die einzelne Schule herangetragen werden. Dazu gehören insbesondere der Lehrkräftemangel, Probleme aus Inklusion und Integration oder Themen wie Gebäude, Ausstattung und fehlende finanzielle Mittel. Ein weiterer Themenblock umfasst die Arbeitsbelastung bzw. den Zeitmangel im Schulalltag, Probleme mit Eltern, der Bildungspolitik/Bildungsbehörde oder zu große Klassen. Probleme im Umgang mit dem Kollegium werden selten genannt. Hingegen bezeichnen 11 % der Befragten das allgemeine Schülerverhalten als problematisch (forsa Politik- und Sozialforschung GmbH 2018, S. 5).

Die überwiegende Mehrheit der Befragten (forsa Politik- und Sozialforschung GmbH 2018, S. 7) geht gern zur Arbeit, trotzdem ist die Weiterempfehlungsbereitschaft recht gering. Nur ein Viertel der befragten Schulleiterinnen und Schulleiter würde den Beruf des Schulleiters auf jeden Fall, und rund die Hälfte zumindest wahrscheinlich, weiterempfehlen. Fast ein Viertel würde den Beruf wahrscheinlich nicht bzw. auf keinen Fall weiterempfehlen (forsa Politik- und Sozialforschung GmbH 2018, S. 16).

Die größten Belastungsfaktoren aus Sicht der Befragten sind, wie bereits eingangs beschrieben, ein stetig wachsendes Aufgabenspektrum und steigende Verwaltungsarbeiten (◻ Abb. 3.4). Speziell die Berufseinstiegsphase ist mit besonderen Herausforderungen verbunden: 29 % der Befragten empfinden die unzureichende Vorbereitung auf die Schulleiterposition als belastend, während nur 9 % der befragten Schulleiterinnen und Schulleiter das Fehlen von Fort- und Weiterbildungsmöglichkeiten bemängeln.

3

Schulleiterinnen und Schulleiter können sowohl Coachings in Anspruch nehmen, als auch, sofern sie über die entsprechenden Coaching-Kompetenzen verfügen, selbst durchführen. Dabei können Konflikte mit der Rolle als Führungskraft nicht ausgeschlossen werden. Charakteristische Merkmale eines Coachingprozesses sind Freiwilligkeit, Vertraulichkeit und gegenseitige Akzeptanz. Im Einzelfall wird dadurch auch die Bandbreite der, durch ein internes Coaching zu bearbeitenden, Themen reduziert, da nicht jedes Themengebiet für ein Coaching durch die Schulleitung geeignet scheint.

Beispiel: Fachspezifisch-pädagogisches Coaching

Ein Beispiel für fachspezifisch-pädagogisches Coaching durch die Schulleitung ist die Durchführung von *fördernden Feedback-Hospitationen*. Dabei kann das Vorgehen beispielsweise dreistufig sein: Zunächst erfolgt das Vorbereitungsgespräch mit der Lehrperson, dann der Besuch und abschließend das Feedback-Gespräch. Bereits das Vorbereitungsgespräch soll Zeit für einen allgemeinen und pädagogischen Austausch bieten und wird daher mit einer halben bis einer Stunde Zeitdauer geplant. Die Lehrperson kann ein konkretes Beobachtungskriterium festlegen, auf das sich der Schulleiter dann fokussiert. Häufig nachgefragte Themen sind Fragestellungen, Bewegung im Unterricht, Körpersprache, Einsatz von Hilfsmitteln, unterschiedliche Beteiligung von Jungen und Mädchen, Schülerbeteiligung, Tafeleinsatz und Rhetorik. Der Schulleiter beobachtet und protokolliert seine Beobachtungen anhand von Zeichnungen, Zählungen, Zeitmessungen oder Audio-/Videoaufnahmen. Er konzentriert sich dabei auf das vorab festgelegte Beobachtungskriterium, beispielsweise die Häufigkeit der Integration der Schüler in den Unterricht. Andere Kriterien, Kommentare oder Interpretationen dürfen nicht ins Protokoll aufgenommen werden. Im Feedback-Gespräch werden die gewonnenen Erkenntnisse anhand der Daten besprochen, die Ergebnisse gemeinsam interpretiert und daraus resultierende Maßnahmen erörtert und im Rahmen einer Zielvereinbarung schriftlich dokumentiert (Kempfert und Rolff 2002, S. 101 ff.). Durch das standardisierte Format und den Fokus auf ein, vom Lehrer oder der Lehrerin selbst gewähltes Beobachtungskriterium, soll sichergestellt werden, dass sich Personalentwicklung und Personalbewertung nicht mischen.

▪ Lehrkräfte

Die Berufsgruppe der Lehrkräfte weist einen hohen Anteil von psychischen und psychosomatischen Erkrankten auf. 12 % der im Jahr 2015 pensionierten Lehrerinnen und Lehrer wurden aufgrund von Dienstunfähigkeit in den Ruhestand versetzt. Das durchschnittliche Alter lag dabei bei 58,9 Jahren. Gleichzeitig nehmen mehr Lehrer die Möglichkeit der Altersteilzeit in Anspruch. Nach einer repräsentativen Lehrerbefragung (forsa Politik- und Sozialforschung GmbH 2016, S. 16 ff.) beträgt die Weiterempfehlungsrate des Lehrerberufs 64 %. Jeder vierte Befragte würde eher davon abraten (28 %). Als Begründung werden hauptsächlich die hohen Anforderungen und Belastungen des Lehrerberufs genannt (◻ Abb. 3.5).

Die Förderung der Lehrergesundheit steht daher im Fokus verschiedener Aus- und Fortbildungsangebote für diese Zielgruppe, die in der Regel in Zusammenarbeit von und mit der Personalentwicklung der Schulbehörde angeboten werden. ▶ Abschn. 3.6.1 stellt dazu beispielhaft ein von der Universität Freiburg entwickeltes und von der Bundesanstalt für Arbeitsschutz im Rahmen des Projektes „Lange Lehren" gefördertes Lehrercoaching vor.

Auch angehende Lehrer gehören zur Zielgruppe für Coaching. Lehrer in Ausbildung kommen nach ihrem Studienabschluss in die Schulen, in denen sie die Balance zwischen

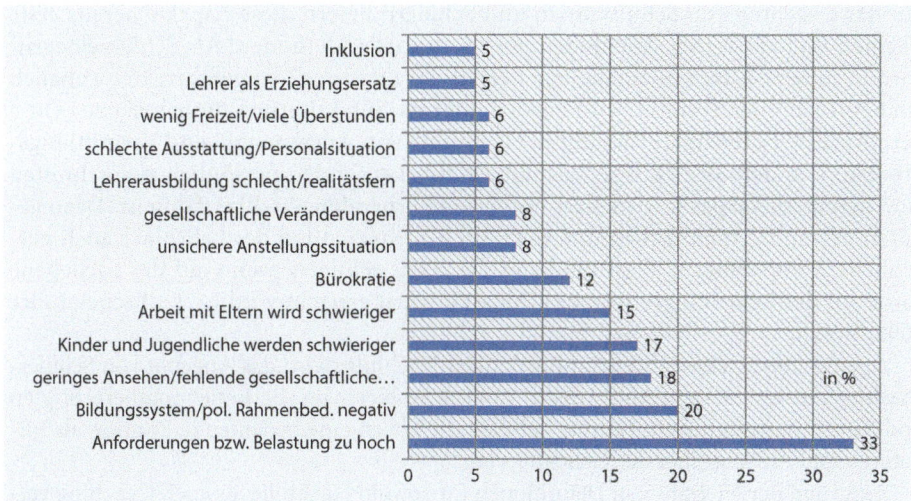

◘ Abb. 3.5 Gründe gegen die Weiterempfehlung des Lehrerberufs (forsa Politik- und Sozialforschung GmbH 2016, S. 16)

„der theoretisch perfekten Stunde" und den Einschränkungen des Schulalltags finden und sich gleichzeitig an die schulübliche Taktung von Arbeitseinheiten voller Inhalt und Gruppendynamik mit kurzen Pausen anpassen müssen. Hier kommt es darauf an, die eigenen Ansprüche zu managen und sich in seiner Rolle als Lehrer zu finden. Darüber hinaus gilt es, sich in das neue Kollegium zu integrieren, sich auszutauschen sowie formale und informale Regeln an der Schule zu verstehen. Das *BEP* des Hamburger Landesinstituts für Lehrerbildung und Schulentwicklung bietet hier exemplarisch einen Rahmen für das Onboarding. Eine Beschreibung finden Sie in ► Abschn. 3.6.3.

■ **Schülerinnen und Schüler**

Coaching von Schülerinnen und Schülern zielt auf die Lernmotivation und den Lernerfolg unter Berücksichtigung der Kernelemente für erfolgreiches Lernen ab.

Nicolaisen und Pallasch (2010, S. 161) nennen dafür unter Berücksichtigung der Erkenntnisse der Neurowissenschaften unter anderem:

- ein sicheres und angstfreies Umfeld sowie Spaß am Lernen
- die Abstimmung des Lernstoffes auf die individuellen Begabungen des Lernenden und seine persönliche Biografie
- die Sinnhaftigkeit des Stoffes aus Sicht des Lernenden – er bestimmt, was er lernt und was er auslässt
- das Ansprechen vieler Sinnesorgane und die Berücksichtigung der Emotionen des Lernenden
- die Beachtung des Körpers (somatische Marker)
- die Konzentration auf ein Thema
- die Strukturierung des Lernstoffes und die Förderung des Erkennens bereits vorhandener Strukturen, Muster oder Regeln
- die Berücksichtigung von neuronalen Zeitfenstern und Einräumung von Ruhepausen und Schlaf, um die Weiterverarbeitung im Gehirn zu fördern
- die aktive Einbeziehung des Umfelds (Lehrende, Mitlernende)

3

Für das Coaching von Schülerinnen und Schülern liefern diese Aspekte bereits erste Themen und aktivieren Annahmen über potentielle Methoden. Als Schlüsselbegriff wird in diesem Zusammenhang der Begriff der „Passung" eingeführt. Ursprünglich ein Begriff aus der Technik, wird Passung hier als Gütekriterium für gelungene Lehr-/Lernprozesse bezeichnet. Passung ist ein Aspekt von Aneignungs- und Vermittlungsprozessen, in dem der Lerngegenstand auf den Lernenden persönlich zugeschnitten bzw. dergestalt verpackt wird, dass er für den Lernenden anschlussfähig ist. Dazu gehören neben der inhaltlichen und didaktischen Konzeption des Lehrplans auch persönliche Kompetenzen. „Passung kann dann gut gelingen, wenn auf der Sachebene sowie auf der Beziehungsebene Anschlussfähigkeit erreicht wird (…)" (Eschelmüller 2008, S. 71).

Analog zum stark wachsenden Bereich der Nachhilfe wird das Angebot von Schülercoachings in verstärktem Maße durch externe Anbieter an die Erziehungsberechtigten und Kinder herangetragen. Hierbei nehmen die Eltern eine bedeutende Position als Initiatoren und Auftraggeber des Coachings ein.

Aufgrund der Vielzahl von Definitionen für sowohl Nachhilfe als auch Coaching verlaufen die Übergänge fließend und sind für den Nutzer teilweise kaum zu unterscheiden. In einer Studie, die im Auftrag des Bundesministeriums für Forschung und Wissenschaft zum Stand der Nachhilfe in Deutschland in Auftrag gegeben wurde, stellen die Autoren fest, dass es eine Vielzahl von Definitionen mit unterschiedlichen Schwerpunkten gibt. Übereinstimmende Kriterien für die Definition von Nachhilfe sehen sie in den Bereichen Zielsetzung, Setting und Finanzierung (Dohmen et al. 2008, S. 17):

- Zielsetzung:Verbesserung der schulischen Leistung
- Setting: außerhalb und ergänzend zum Unterricht, meist regelmäßig und zeitlich begrenzt
- Finanzierung: privat

Es stellt sich die Frage, wie bedeutsam die inhaltliche Komponente mit Blick auf die Erweiterung des persönlichen Wissens des Schülers oder der Schülerin als Ziel von Nachhilfe ist. Nicht umsonst wird in der Formulierung der vorgenannten Zielsetzung von einer „Verbesserung der schulischen Leistung" und nicht von einer Zunahme des persönlichen Wissens gesprochen. Birkelbach et al. (2017, S. 107 f.) stellen dazu fest, dass durch Nachhilfe eine Verbesserung der Noten und Schulabschlüsse mit dem Ziel, das Bildungssystem erfolgreich passieren zu können, erzielt werden soll. Der Erwerb von Wissen stellt hingegen kein Ziel per se dar, sondern dient nach Einschätzung der Autoren als Mittel zur Zielerreichung, wie beispielsweise dem Bestehen einer Prüfung oder dem Erwerb eines Abschlusses.

Auch durch die Anbieter von Nachhilfe wird der Coaching-Begriff gezielt eingesetzt, um das Angebotsspektrum zu erweitern und neue Kunden zu gewinnen. Eine Suche der Wortkombination „Nachhilfe UND Coaching" erbringt im August 2018 eine Trefferzahl von mehr als 1,3 Millionen Treffern.

Das private Institut für Potenzialentfaltung (IPE) hat nach eigenen Angaben bundesweit bereits 2000 Kinder- und Jugendcoaches ausgebildet, wobei eine grundständige Coachingausbildung nicht Voraussetzung zur Teilnahme an der Ausbildung ist (Gesellschaft für angewandte Neurowissenschaften und Persönlichkeitsentwicklung o. J.). Das Angebot richtet sich auch an Eltern und andere Interessierte. Nach Abschluss der Ausbildung bietet das Unternehmen die Aufnahme in ein kostenpflichtiges Coaching-Netzwerk an. Das Format des Coachings ist standardisiert und umfasst sechs Sitzungen, über deren zeitlichen Umfang keine Angaben gemacht werden. Die Kosten dafür betragen laut Angaben des Anbieters zwischen 80 bis 120 Euro pro Stunde, da die Coaches in ihrer Preisgestaltung frei agieren können.

3.2 Ziele

Coachingziele im Bildungskontext sind genauso vielfältig wie die Anliegen und Persönlichkeiten der Klienten. Zur besseren Übersicht unterscheiden wir zwischen den Coachingzielen von Lehrkräften und Schulleitungen sowie Schülern und Schülerinnen.

- **Ziele von Lehrkräften und Schulleitungen**

Als Maßnahme der Personalentwicklung für Lehrkräfte und Schulleitungen spielt neben der persönlichen Entwicklung des Coachees auch die Qualitätsentwicklung der Organisation und die Begleitung von Change Prozessen eine maßgebliche Rolle, wobei diese Aspekte in der Praxis nicht unbedingt im Rahmen der Aufgabenstellung thematisiert werden, sich jedoch implizit im erwarteten Nutzen wiederfinden.

- Verbesserung der Führungskompetenz der Führungskräfte in Schulen
- Verbesserung der pädagogischen Kompetenz der Lehrenden
- Verbesserung bei der Umsetzung von Schulreformen
- Verbesserung bei der Administration von Förderprogrammen (Böning und Kegel 2015, S. 130 ff.)

Nach Schreyögg (2008, S. 1) zielt Coaching als Maßnahme der Personalentwicklung von Schulleitern auf die Professionalisierung der Übernahme und Bewältigung von Managementfunktionen und -rollen sowie auf die Bewältigung persönlicher Krisen und Konflikte.

Der Zugang zu Coaching für Lehrkräfte und Schulleitungen erfolgt neben privaten Angeboten über Landesinstitute, Verbände oder die Bildungsinstitution selbst. Dabei verfolgen die Anbieter mit diesem Angebot drei übergeordnete Ziele (◘ Abb. 3.6).

Coaching wird als Instrument zur Professionalisierung von Lehrprozessen und zum Erwerb und Erhalt der Berufsfähigkeit eingesetzt. Das Freiburger Modell (▶ Abschn. 3.6.1) zielt beispielsweise auf die Stärkung und den Erhalt der Lehrergesundheit ab.

Darüber hinaus wird Coaching als Begleitung von Change Prozessen eingesetzt. So ist die Zielsetzung einer gemeinwohlorientierten Coachinginitiative für Lehrer und Schulleitungen, Transformation in Schulen zu begleiten und auf individueller Ebene zu unterstützen (▶ www.coachinginitiative.de).

✓ Professionalisierung
✓ Gesundheit
✓ Transformation

◘ **Abb. 3.6** Coachingziele von Lehrenden (eigene Darstellung) ©

■ **Ziele von Schülerinnen und Schülern**

Ziele von Coaching im schulischen Kontext sind neben der Förderung von *Lernkompetenz*, der Optimierung von lernspezifischen Handlungen und der Nutzung und Entwicklung von *Ressourcen* auch die Stärkung der *Autonomie des Lernenden*. Am Hainberg Gymnasium in Göttingen zielt das Coaching von Schülern darauf ab, die „Abwärtsspirale in den schulischen Leistungen" umzukehren (Bartelt und Sauter 2012, S. 2). Dies soll insbesondere durch eine angemessene *Selbstorganisation* sowie eine zielorientierte Verhaltensweise erreicht werden (Bartelt und Sauter 2012, S. 2) (◘ Abb. 3.7).

Selbstorganisation beinhaltet die sachliche und zeitliche Einteilung der zu unternehmenden Schritte auf dem Weg zum schulischen Erfolg. Die zielorientierte Verhaltensweise zielt darauf ab, den erstellten Plan durch persönliche Strategien, Methoden und Instrumente in sein tägliches Tun zu übersetzen. Grundlage hierfür sind die Autonomie, die Zielstrebigkeit, die Motivation und Selbstwirksamkeitserwartung des Schülers. Wesentliche Kompetenzen ergeben sich aus der Organisations- und Planungsfähigkeit, um persönliche Strategien zur Zielerreichung zu erstellen.

Eine zentrale Herausforderung für Lernende besteht darin, die individuelle Lernkompetenz zu entwickeln, geeignete Lernmethoden zu kennen und für sich anzuwenden. Dadurch lassen sich Inhalte erarbeiten und in Art und Umfang dergestalt aufbereiten, dass sie zum eigenen Lernstil passen und damit zum gewünschten Ziel führen. Dies setzt wiederum ein hohes Maß an Selbstreflexion und Selbstwirksamkeit voraus, um den eigenen Lernstil und die eigenen Verhaltensweisen zu erkennen, zu reflektieren und zu wissen, wie sich diese auf verschiedene Lernsituationen übertragen lassen. Weiterhin ist ein gewisses Maß an Frustrationstoleranz notwendig, um mit Herausforderungen und Misserfolgen umgehen zu können.

Beispiel: Schülercoaching

F. ist frustriert, weil es ihm nicht gelingt, sich Vokabeln zu merken. Nach der letzten Fünf im Vokabeltest hat er nun gar keine Motivation mehr, sich mit seinen Englischvokabeln auseinanderzusetzen. Der Coach erklärt ihm das Mehrspeichermodell (Atkinson und Shiffrin 1986, S. 86 ff.; Gasser 2008, S. 120) und zeigt hemmende und fördernde Faktoren für den Einspeicherungsprozess auf. Bei der gemeinsamen Betrachtung des Modells geht der Coach mit ihm die Faktoren durch, um zu erarbeiten, was er tun kann, um die Vokabeln besser zu erinnern.

Durch Coaching können die vorgenannten Kompetenzen entwickelt werden. Durch eine Studie von Merriman und Codding (2008, S. 339 ff.) konnte die Wirksamkeit der Vermittlung von Lernmethoden im Coaching bestätigt werden. Bei den beobachteten Schülern

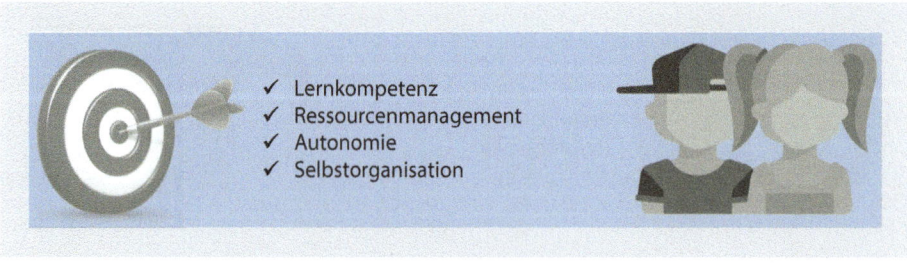

◘ **Abb. 3.7**   Coachingziele von Schülern (eigene Darstellung) ©

wurde eine Verbesserung des Lernverhaltens im Hinblick auf die Fertigstellung und Richtigkeit von Mathematik-Hausaufgaben durch Coaching festgestellt, die sich auch über das Ende der Coachingphase hinaus nachweisen ließ. Madden et al. (2011, S. 71 ff.) ermittelten, dass Schüler, die an stärkenbasierten Coachingprozessen teilgenommen hatten, über signifikant höheres selbstberichtetes Engagement und erhöhte Zuversicht verfügen. In der Studie von Parker und Boutelle (2009, S. 204 ff.) gaben College-Studierende mit Lernschwächen und ADHS an, ihre Fähigkeiten zum selbstbestimmten Erreichen von Zielen verbessert zu haben.

3.3 Anlässe

Unter Anlässen verstehen wir situativ getriebene Auslöser für den Beginn eines Coachings. Aus den vorgenannten und weiteren Zielen resultieren verschiedene Anlässe. Diese können sowohl in der Person des Coachees als auch in der Rolle, die die Person innerhalb der Organisation einnimmt, resultieren.

- **Rolle**

Aus den Anforderungen, die jede einzelne Rolle an die Person stellt, aber auch aus den, aus der Rollenvielfalt resultierenden Konflikten entstehen Themen und Anlässe für ein Coaching. Eine Person bringt ihre Persönlichkeit in Form von Werten, Wünschen, Präferenzen und Fähigkeiten mit, die ebenfalls durch Rollen in anderen Systemen als dem Unternehmen, und durch Familienrollen beeinflusst und entwickelt worden sind. Diese führen zu verschiedenen Rollendefinitionen, Rollengestaltungen und je einem unterschiedlichem Maß an Rollendurchsetzung.

Die Organisation steckt den Rahmen für Rollen durch ihre Struktur, ihre Strategie und ihre Kultur. Hieraus resultieren Erwartungen, Anforderungen, Unterstützung und Autorität, auf die der Rollenträger zurückgreifen kann, diese jedoch auch zu erfüllen hat.

Dabei wird zwischen Berufsrollen und Organisationsrollen unterschieden (Lippmann 2013, S. 25). Während die Berufsrolle primär durch berufs- bzw. durch fachspezifische Anforderungen geprägt ist (z. B. Mathematik, Biologie, Wirtschaftswissenschaften etc.), richtet sich die Organisationsrolle am System der Organisation aus (Referatsleitung, Projektleiter, Schulleiter, Führungskräfte). Auch im Bildungskontext besteht eine mehrdimensionale Rollenvielfalt.

Beispiel: Rollenvielfalt

Ein Mathematik- und Sportlehrer (Berufsrolle) kann zusätzlich als Oberstufenkoordinator oder Mitglied der Schulleitung (Organisationsrolle) tätig sein.

Das Coaching von Schülern und Schülerinnen resultiert ebenfalls aus unterschiedlichen Anlässen. In ihrer Rolle als Lernende (im übertragenen Sinn eine Berufsrolle – Anm. der Verf.) werden sie mit verschiedenen Herausforderungen konfrontiert und müssen sich begleitend zum fachlichen Wissenserwerb weitere Kompetenzen aneignen, um im Lernprozess zielorientiert und effizient agieren zu können. Darüber hinaus ist der Schüler oder die Schülerin in bestimmten Kontexten, wie beispielsweise an Privatschulen, ein Kunde oder eine Kundin (Organisationsrolle). Aus dieser Rolle heraus kann sich eine entsprechende Anspruchshaltung herausbilden, die in Konflikt mit der Rolle des Lernenden stehen kann.

3

Lippmann (2013, S. 26 ff.) unterscheidet weiterhin die Aspekte *Rollendefinition, Rollengestaltung und Rollendurchsetzung.*

Bei der *Rollendefinition* gilt es, für sich zu klären und konkret zu verstehen, welche Aufgaben und Erwartungen in Zusammenhang mit der Rolle bestehen. Dabei handelt es sich aufgrund der permanenten Veränderungen der Organisation um einen fortlaufenden Prozess der Abstimmung und Aushandlung.

Beispiel: Rollendefinition

Herr R. ist Klassenlehrer einer 9. Klasse. Im Umgang mit den Eltern, Schülern, Kollegen und der Schulleitung muss er seine Rolle permanent reflektieren und dabei beispielsweise Lösungen zu folgenden Themenstellungen finden:

Erreichbarkeit für Eltern in den Abendstunden oder an Wochenenden, Durchführung von Klassenfahrten, Umgang mit Beschwerden von Eltern über Kollegen, Auswirkungen der Einführung des neuen Stundenplanrasters auf die Mittagessenzeiten der Schüler, Mitwirkung in einem übergeordneten Arbeitskreis zur Schulentwicklung.

Die *Rollengestaltung* zielt auf die Wahrnehmung von Handlungsspielräumen ab. Aufgabe der Organisation und damit der Organisationsrollenträger ist es, optimale Rahmenbedingungen zu schaffen, indem beispielsweise eine offene Unternehmenskultur und eine funktionierende Infrastruktur geschaffen werden. Ob diese Handlungsspielräume genutzt werden und in welcher Intensität die Rolle tatsächlich ausgefüllt wird, hängt von der Person ab. Stärken und Schwächen, Hemmnisse, Werte und die Identifikation mit der Rolle nehmen darauf Einfluss.

Beispiel: Rollengestaltung

Frau H. ist als Koordinatorin für die Mittelstufe eines Schulzentrums benannt worden und motiviert gestartet, um die Schulentwicklung positiv voranzutreiben. Der Schulleiter besteht jedoch darauf, „die Zügel in der Hand zu halten" und über alle Vorgänge unverzüglich informiert zu werden. Entscheidungen dürfen nur in Abstimmung mit ihm getroffen werden. Daher kommt es regelmäßig zu Meinungsverschiedenheiten und Verzögerungen. Aufgrund ihres eingeschränkten Handlungs- und Entscheidungsfreiraums ist Frau H. demotiviert und erwägt, sich auf eine Stelle in einer anderen Schule zu bewerben.

Die *Rollendurchsetzung*, also die Realisierung und Behauptung der Rolle auch gegen Widerstände und widrige Umstände hängt von der persönlichen, fachlichen und formalen Autorität ab. Während die formale Autorität bei der Ausübung von Organisationsrollen durch die Organisation gestützt wird, sind die persönliche und fachliche Autorität in der Person begründet.

Beispiel: Rollendurchsetzung

Frau B. ist seit zwei Monaten Leiterin eines fremdsprachlichen Gymnasiums. Vorher war sie an einer anderen Schule als stellvertretende Rektorin tätig. Die Kollegen stehen ihr bisher noch vorsichtig abwartend bis reserviert gegenüber, was dazu führt, dass verschiedene Entscheidungsprozesse im Kollegium umfassend kontrovers diskutiert werden und dadurch die Organisationsentwicklung verzögert wird. Durch die formale Autorität ihrer Position wäre sie in der Lage manche Entscheidungen auch allein zu treffen. Im Sinn einer kooperativen Führung setzt sie jedoch auf kollegialen Austausch und kann sich aufgrund ihrer fachlichen Autorität, die sie durch die langjährige Tätigkeit als Stellvertreterin erworben hat und ihrer souveränen Persönlichkeit in den nächsten Monaten die Anerkennung und Unterstützung des Kollegiums dauerhaft erwerben.

Mintzberg (1991, S. 29 f.) definiert auf Basis empirischer Studien, dass eine Führungskraft drei Rollenbündel zu verkörpern hat:

- *Interpersonale Rollen:* Repräsentant, Vorgesetzter und Vernetzer
- *Informationale Rollen:* Radarschirm, Sender und Sprecher
- *Entscheidungsrollen:* Innovator, Störungsregler, Ressourcenzuteiler und Verhandler

Aus der Ausübung der Rollen entstehen Themen, auf die im ► Abschn. 3.4 eingegangen wird.

Beispiel: Rollenkonflikte

Herr S. ist Schulleiter eines Gymnasiums in Baden-Württemberg. Bei der Verteilung der Klassen hat sich eine gewisse Tradition entwickelt: Dieselben Lehrkräfte unterrichten die Unter- und Mittelstufe, ebenso übernehmen immer dieselben Lehrer die Oberstufe. Ein Lehrer aus der Unter- und Mittelstufe fordert nun, im kommenden Schuljahr in der Oberstufe eingesetzt zu werden. Nachdem dieser Kollege den fachlich begründeten Wunsch bereits im vorigen Schuljahr erfolglos geäußert hatte, formuliert er nun den Wunsch als Forderung und stellt in Aussicht, sich an das Oberschulamt zu wenden, wenn es im kommenden Jahr keine Veränderung gäbe. Herr S. steht nun vor dem Konflikt, sich inhaltlich mit der Sinnhaftigkeit der Tradition auseinanderzusetzen, strukturell Entscheidungen zu treffen, diese durchzusetzen und dabei das Betriebsklima mit Augenmaß zu strapazieren.

■ Person

Die Anlässe für Coaching liegen insbesondere in Krisen und in dem Wunsch nach Verbesserung (Schreyögg 2012, S. 94 f.). Es handelt sich um eine persönliche Krise, wenn eine Person sich „überrollt fühlt", sie durch Stress überlastet ist, sie gemobbt wird oder organisatorische oder politische Bedingungen dazu führen, dass der Bedarf nach Coaching entsteht. Auch Ereignisse im privaten Bereich haben Auswirkungen auf die berufliche Motivation und Performanz. Anlässe auf *persönlicher Ebene* können eigene Krankheit oder Krankheit/Pflegebedürftigkeit eines Angehörigen, Trennung oder Tod sein.

Beispiele: Anlässe auf persönlicher Ebene

Herr N. ist Lehrer an einer Grundschule in Berlin. Aufgrund einer schweren Erkrankung musste er sich im vergangenen Jahr verschiedenen Therapien unterziehen und beruflich über Monate aussetzen. Jetzt gilt er als geheilt und befindet sich in der Phase der Wiedereingliederung. Dabei stellt er fest, dass sich durch die Erkrankung seine persönlichen und beruflichen Prioritäten verschoben haben.

Die Mutter eines angehenden Abiturienten ist bei einem Verkehrsunfall ums Leben gekommen. Er steht kurz vor dem Abitur und fürchtet, dass er die Prüfungsphase in dieser Situation nicht bewältigen kann. Er erwägt einen Schulabbruch.

Auch *beruflich motivierte situative persönliche Veränderungen* können zu individuellen Krisen führen. Dazu gehört beispielsweise die bevorstehende Pensionierung, die Versetzung oder sich verändernde Bedingungen in der Organisation.

3

Beispiele: Beruflich motivierte persönliche Anlässe

Frau K. ist neben ihrer Tätigkeit als Klassenlehrerin in der Projektgruppe „Soziales Lernen" sehr aktiv. Die damit verbundenen Weiterbildungen, die Kooperation mit anderen Schulen und die Durchführung der Projekte in den Klassen bereiten ihr viel Freude. Die Schulleitung schlägt ihr nun vor, eine neue Projektgruppe zum Thema Qualitätsmanagement federführend zu übernehmen, eine Aufgabe, die bis auf weiteres größtenteils Strategie- und Planungstätigkeiten erfordert. Aus zeitlichen Gründen ist eine Mitarbeit in beiden Gruppen nicht möglich.

Die Versetzung einer Schülerin in die Qualifikationsphase der Oberstufe ist gefährdet. Nach dem Abitur möchte sie eine Ausbildung zur Bankkauffrau machen. Um sich dafür zu qualifizieren hat sie das Wirtschaftsprofil angewählt. Eine Wiederholung wäre möglich, jedoch wird dieses Profil im Folgejahr nicht mehr angeboten.

Andere berufliche Faktoren sind Veränderungen im Kollegium oder der Schulleitung, Mobbing oder negativer Stress, die zu Burn-out oder beruflicher Deformation führen können.

Beispiel: Beruflich motivierte Anlässe

Frau G. ist Leiterin der Oberstufe eines Gymnasiums. Seit Monaten fühlt sie sich gehetzt und ständig unter Druck. Termine und Verpflichtungen nehmen ihre Zeit in Anspruch, so dass sie keine Zeit für eine sorgfältige Erledigung ihrer Leitungsaufgaben findet. Sie fühlt sich fremdgesteuert und geht teilweise, wie sie selbst feststellt, schlecht vorbereitet in Gespräche und Konferenzen. Anteil an den Problemen und Sorgen der Schüler und Kollegen nimmt sie nur noch mechanisch. Als sie von einem befreundeten Kollegen auf ihre Wesensveränderung angesprochen wird, bricht sie unvermittelt in Tränen aus.

Die Eltern von S. sind umgezogen. Seit einem Monat besucht sie eine Grundschule am neuen Wohnort. Die Mitschüler grenzen sie aus, lassen die Luft aus ihrem Fahrrad und verstecken ihre Schulsachen. Morgens hat sie immer öfter Bauchschmerzen und bittet ihre Mutter, krank zu Hause bleiben zu dürfen.

▪ Organisation

In diesen Bereich gehören alle Anlässe, die organisationsbezogen entstehen. Auf der Organisationsebene unterscheidet Lippmann (2013, S. 31 ff.) zwischen den Kategorien *Aufgaben und Strategie, Struktur und Kultur*. Unter *Aufgaben und Strategie* ist der Umgang mit Veränderungen im Kontext der Organisation gemeint. Im Bildungskontext zählen hierzu Veränderungsprozesse an Schulen und anderen Bildungseinrichtungen, die Entwicklung neuer Dienstleistungen oder Anpassungen an gesellschaftliche, marktwirtschaftliche oder innovationszyklische Veränderungen. Diese zu initiieren, zu gestalten und zu implementieren ist zumeist Aufgabe der Leitungen, die sich hierzu die Unterstützung von Coaches heranziehen können.

Beispiel: Veränderungen in der Organisation

Die Einführung von G8, dem Abitur nach 12 Jahren, stellte Schulen vor die Herausforderung, sich intern neu zu ordnen und sich gegenüber allen Interessengruppen und Stakeholdern gerecht und auskunftsfähig aufzustellen. Heute gehen einige Länder wieder zurück auf G9, ebenfalls mit der Notwendigkeit, Strukturen, Strategie und Aufgaben neu auszugestalten.

Dazu zählt beispielsweise auch die marktgerechte Ausrichtung des Produktangebots, woraus eine Entscheidungsnotwendigkeit entsteht, die der Führungsebene der Bildungseinrichtung zukommt. Auch der Umgang mit Umstellungen, die aus politischen und regulatorischen Gründen umgesetzt werden müssen, sowie die strategische und visionäre Ausrichtung der Bildungseinrichtung gehört zu den zentralen Aufgaben der Organisation.

Unter *Struktur* werden Anlässe verstanden, die die Aufbau- und Ablauforganisation betreffen. Dies könnten Restrukturierungen, Einführung von Qualitätsmanagementsystemen oder strukturelle Änderungen, die beispielsweise von politischer oder behördlicher Seite auferlegt werden, sein.

Beispiel: Strukturelle Veränderungen

Die Schulleitung eines Gymnasiums beauftragt eine Projektgruppe mit der Erarbeitung eines Rahmens für die Qualitätsentwicklung der Schule. Dieser sieht auch die Einführung eines verbindlichen Kriterienkatalogs für die Leistungsbeurteilung der Lehrer vor.

Die Kategorie *Kultur* beinhaltet Anlässe, die Auswirkungen auf das Miteinander haben. Dies betrifft beispielsweise Kommunikationsthemen, Unterstützung bei Kulturveränderungen, Überlegungen im Zusammenhang mit organisationalem Lernen oder die Erstellung und Implementierung von Leitbildern.

Beispiel: Kulturelle Veränderungen

In einer Stadt wurde eine Hauptschule geschlossen. Die ansässige Realschule ist nun für die Aufnahme der Schüler zuständig und gerät hierbei an ihre strukturellen und kulturellen Grenzen. Die Schule platzt aus allen Nähten, die Klassen sind bis auf den letzten Platz besetzt und die Vorkenntnisse der einzelnen Schüler weichen sehr stark voneinander ab. Der Umgangston zwischen Lehrern und Schülern, aber auch innerhalb des Kollegiums verändert sich zusehends.

Exkurs

Identifikation von Anlässen mit dem Modell zur Rollenübernahme nach Lippmann
Zur Identifikation von Anlässen hat Lippmann ein Modell zur Rollenübernahme mit den jeweiligen Schnittstellen von Person und Organisation entwickelt (2013, S. 23 ff.). Grundlage seiner Betrachtung ist die Annahme, dass Menschen in einem Spannungsfeld zwischen eigener Person und Anforderungen der Organisation agieren und die Schnittstellen durch die Übernahme diverser Rollen gekennzeichnet sind. Dabei gibt es immer einen Rollengeber und einen Rollenempfänger. An diesem Punkt setzt der Bezug zu Coaching ein, indem im Coaching der Anpassungsprozess der Person an die Organisation betrachtet und bearbeitet wird. Zwar lässt sich der Rahmen *Person-Rolle-Organisation* in der Praxis nicht immer klar nicht trennen, kann dem Coach jedoch vor dem Hintergrund der Theoriebildung zur Orientierung und Reflexion dienen.

3.4 Themen

Im Coaching bewegen sich Themen im systemischen Kontext der Person. Häufig spielen bei beruflichen Coachings auch private Motive eine Rolle. Ein Mensch gibt seine Persönlichkeit, seine Sorgen, Wünsche und Nöte nicht an der Garderobe seines Arbeitsplatzes

3

ab. Daher stellt sich nicht selten in einem beruflich veranlassten Coaching heraus, dass im Privatleben liegende Ursachen Auswirkungen auf die berufliche Motivation und Performanz haben.

Beispiel: Persönliche und berufliche Entwicklung

Herr S. ist vielen Jahren Lehrer an einer Gesamtschule. Er hat jedoch seit einiger Zeit das Gefühl auf der Stelle zu treten und wünscht sich für seine persönliche und berufliche Entwicklung neue Perspektiven. Er erwägt verschiedene Alternativen. Die Zeit für eine Veränderung wäre günstig. Sein jüngster Sohn ist gerade ausgezogen, um in einer anderen Stadt ein Studium zu beginnen. Seine Partnerin ist beruflich ebenfalls stark eingespannt. Soll er in der Schule bleiben und sich auf eine Konrektorenstelle bewerben, einen Wechsel auf eine private Internatsschule wagen oder seine ehrenamtliche Tätigkeit als Übungsleiter in einem Verein weiter intensivieren?

Coaching wird aus verschiedenen Anlässen heraus angefragt, die vor dem Hintergrund von Veränderungen bezogen auf die Situation der Person im Wirkungsfeld ihrer Rolle oder in der Organisation entstehen. Welcher Art die daraus resultierenden Themen sind, ist je nach Klient unterschiedlich.

> **Themenbeispiele für Coachings (Guyer 2013; Schreyögg 2008)**
> ▬ Umgang mit Rollen
> ▬ Selbstmanagement
> ▬ Lehrqualität
> ▬ Begleitung von Lernprozessen
> ▬ Führung
> ▬ Schulmanagement und Change

3.4.1 Umgang mit Rollen

■ **Widerstände**

Die Vielzahl der Rollen, die sowohl Schulleitungen als auch Lehrkräfte und Schüler im Kontext Schule einnehmen wurden bereits ausführlich beschrieben. Aus dem Verständnis der formalen und informalen Rollen können Konflikte, Anpassungsschwierigkeiten und das Gefühl der Überforderung oder Ablehnung der Rolle entstehen. Durch Coaching können die verschiedenen Rollen benannt, eine Rollenklärung vorgenommen und aufgedeckt werden, welche Rollen tatsächlich übernommen und welche delegiert werden können. Dabei kann auch thematisiert werden, welche Rollen der Coachee für sich annehmen kann und bei welchen Rollen er Widerstände oder Vorbehalte verspürt.

Beispiel: Ausübung der Führungsrolle

Herr D., der aus dem Kollegium in die Schulleiterfunktion wechselt, tut sich schwer, sich als Führungsperson für langjährige Kollegen zu sehen. Er hält Hierarchien für „ein Auslaufmodell" und möchte weiterhin als Kollege und Mitglied des Kollegiums wahrgenommen werden. Er vermeidet beispielsweise, Kollegen, die notorisch zu spät kommen oder kurzfristig fehlen, auf ihr Fehlverhalten anzusprechen, obwohl er sich bewusst ist, dass dies in seiner Verantwortung liegt und ein Teil seines neuen Aufgabenfelds ist.

■ **Rollenunsicherheit**

Die Schulleitung repräsentiert die Schule sowohl nach innen als auch nach außen. Zu ihren Aufgaben gehört es beispielsweise, Reden zu halten, Konfliktsituationen zu klären und Marketing zu betreiben. Dies erfordert ein sicheres Auftreten vor Gruppen, in der Öffentlichkeit und gegenüber Externen, wie z. B. Journalisten, Behörden- oder Stadtteilvertretern. Dabei kann der Coach beispielsweise durch die Klärung der Aufgaben und Verantwortlichkeiten, des Selbstbildes sowie der Simulation und Vorbereitung von Repräsentationssituationen unterstützen.

Beispiel: Rollenunsicherheit

Eine junge Schulleiterin soll bei der Einweihungsfeier für den naturwissenschaftlichen Trakt des Schulgebäudes die Eröffnungsrede halten und den Ablauf der Veranstaltung moderieren. Es werden 500 Gäste aus Elternschaft, Wirtschaft und Politik erwartet. Da sie bisher keine Erfahrung mit öffentlichen Auftritten und der Organisation von Großgruppenveranstaltungen hat, erarbeitet sie mit dem Coach eine Ablaufplanung und legt Verantwortlichkeiten fest. Außerdem wünscht sie sich ein Feedback für ihr Auftreten auf der Bühne und den Umgang mit dem Mikrofon. Dafür dient die Simulation der ersten zehn Minuten ihrer Eröffnungsrede.

■ **Veränderung von Rollen**

Wenn Lehrer aus dem Kollegium in eine Schulleiterposition befördert werden, geschieht dies häufig auch deshalb, weil sie bereits vorher informelles „Leadership" innerhalb des Kollegiums gezeigt haben. Damit verbunden ist zumeist eine hohe Einbindung in die persönlichen Strukturen des Kollegiums. Mit der Übernahme der Leitungsposition entsteht ein Abstand zu den Kollegen, der manchmal als belastend empfunden wird.

Ein Gefühl der Einsamkeit und Isolation kann auch entstehen, wenn es um die Besetzung der Schulleiterposition interne Rivalitäten gegeben hat.

Beispiel: Veränderung von Rollen

Herr S. hat sich bei der Besetzung der Schulleiterstelle gegen seine Mitbewerberin Frau L. durchgesetzt. Nach einigen Wochen stellt er fest, dass sich die Kommunikation zu den Kollegen verändert hat. Ein befreundeter Kollege hat sich zurückgezogen, nachdem er ihm einen Zuschuss zu einer Exkursion verweigern musste. Frau L. und eine kleine Gruppe anderer Kollegen haben bei der letzten Kollegiumssitzung seine Entscheidungen vehement infrage gestellt. Herr S. fühlt sich enttäuscht und vom Kollegium isoliert. Dann erfährt er von einem Kollegen von einem Gruppencoaching für Schulleiter. Hier kann er Themen aus seinem beruflichen Alltag mit kompetenten Gesprächspartnern besprechen und erfährt gleichzeitig die Solidarität von anderen in der gleichen hierarchischen Situation.

3.4.2 Lehrqualität

Im Themenfeld Lehrqualität sollen die pädagogischen, didaktischen und methodischen Fähigkeiten der Lehrenden verbessert sowie die Unterrichtsstruktur zielorientiert ausgerichtet werden. Die Zielsetzung hierbei kann beispielsweise sein, einen bestimmten Unterrichtsinhalt auf die Bedürfnisse der Schüler angepasst aufzubereiten und zu vermitteln. Dazu zählt beispielsweise die Verbesserung der Fähigkeit des Lehrers, den Schülern das Lesen beizubringen, den Mathematikunterricht anwendungsorientiert zu gestalten oder

3

die pädagogischen Basisfähigkeiten von Lehrern weiterzuentwickeln (Böning und Kegel 2015, S. 123). Ein weiteres Themenfeld stellt der Umgang mit einzelnen Schülern oder Schülertypen dar, die besondere Aufmerksamkeit oder spezielle Förderung während des Unterrichts benötigen. Zielgruppen können Referendare und angehende Lehrer in der Berufseinstiegsphase, aber auch erfahrene Lehrpersonen, die beispielsweise Feedback zu einem besonderen Aspekt ihrer Lehrtätigkeit wünschen, sein.

Beispiel: Lehrqualität
Herr P. ist ein erfahrener Geschichtslehrer, der vorwiegend mit Frontalunterricht arbeitet. Im Leitbild der Schule wird ausdrücklich die Methodenvielfalt der Lehre thematisiert. Ein hospitierender Fachkollege spricht ihn darauf an. Herr P. ist grundsätzlich offen, neue Methoden in den Unterricht einfließen zu lassen. Er möchte aber sicher sein, dass die jeweilige Methode auch zu Ziel und Inhalt der Unterrichtseinheit passt. Der Kollege erzählt ihm von einer Weiterbildung zum Konzept des „Constructive Alignment". Hier erfährt er, wie Lerninhalte anhand einer lernzielorientierten Didaktik strukturiert und dazu passende Lern- und Prüfungsmethoden ausgewählt werden können.

- **Fachspezifisch-pädagogisches Coaching zur Verbesserung der Unterrichtskompetenz von Lehrern**

Wie bereits zu Beginn dieses Kapitels aufgezeigt, hat die Klassenzimmerebene einen größeren Einfluss auf den Schulerfolg als die Schulebene und eröffnet demzufolge Ansatzpunkte zur Optimierung durch Coaching. Einen für den Schulerfolg grundlegenden Teilbereich der Unterrichtskompetenz bezeichnet Hattie (2009) als „Teaching Approaches". Dazu gehören beispielsweise die Frequenz von Wiederholungen, die Vermittlung von Problemlösestrategien und Feedback. Dem Ansatz zugrunde liegt die Personenzentrierung des Lehrenden auf den Schüler.

Ein auf Inhalt und Didaktik ausgerichteter Coachingansatz für Lehrkräfte wird als *fachspezifisch-pädagogisches Coaching* bezeichnet. Er zeichnet sich dadurch aus, dass die Lehrkräfte in der Unterrichtssituation durch einen auch fachlich kompetenten Coach begleitet werden, der die Mitverantwortung für die Unterrichtsgestaltung übernimmt. Dabei soll die Unterrichtskompetenz des Lehrenden durch die praktische Anwendung im Unterricht langfristig nachhaltig entwickelt werden (Gerich et al. 2014, S. 514). Beim *fachspezifisch-pädagogischen* Coaching muss der Coach über eine hohe Expertise in der Lehrtätigkeit verfügen und greift im Rahmen seiner Tätigkeit – im Gegensatz zu unserem Verständnis von Bildungscoaching – in den Prozess inhaltlich steuernd ein. Zusätzlich übernimmt er über einen längeren Zeitraum eine Funktion als Mentor.

3.4.3 Begleitung von Lernprozessen

Lernende sollen ihren eigenen Weg und ihre eigene Struktur finden, sich Wissen anzueignen, es in Prüfungssituationen reproduzieren und anwenden sowie im späteren Berufsleben abrufen zu können. Neben der rein fachlichen Seite ist die methodische Kompetenz im Zeitalter der Wissensarbeit von besonderer Bedeutung. Wissen vermehrt sich rasant und es ist geradezu unmöglich, stets auf dem neuesten fachlichen Stand zu sein. Aus diesem Grund ist es notwendig, die methodische Kompetenz auszubauen, sich bei Bedarf Wissen effizient zu erschließen. Auf dem Weg zur persönlichen Lernkompetenz können Lernhemmnisse und Lernblockaden Hindernisse sein, die in Coachings für Schüler und

Studierende bearbeitet werden können. Darüber hinaus erstreckt sich die Themenvielfalt über weitere Themen (Ebner 2009, S. 40):

- Reflexion und gegebenenfalls Anpassung der eigenen Lern- und Arbeitsstrategien
- Auf- und Ausbau der eigenen Prüfungskompetenz
- Optimierung der produktiven Zeit und der Konzentrationsfähigkeit
- Stress-, Zeit- und Selbstmanagement
- Zielfindung

Beispiel: Verbesserung Prüfungskompetenz

L. steht kurz vor dem Abitur. Sie hat sich sorgfältig vorbereitet und ist vorsichtig optimistisch. Nur die mündliche Prüfung bereitet ihr Kopfzerbrechen. Grundsätzlich meidet sie Präsentationssituationen und hat bisher bei der Präsentation der Ergebnisse von Gruppenarbeiten ihre Klassenkameraden vorgeschickt. Sie ist daher sehr aufgeregt und hat Angst, allein vor der Gruppe der Prüfer Rede und Antwort stehen zu müssen. Das hat Folgen. In der Prüfungssimulation mit dem Fachlehrer hat sie einen Blackout und muss die Übung abbrechen. Jetzt ist sie verunsichert. Was, wenn ihr das Gleiche in der Prüfung passiert?

- **Selbstorganisation**

Für das Coaching von Schülern liegen Studien vor, die vorwiegend die Verbesserung der Leistung, der Motivation und des eigenen Lernverhaltens durch Coaching nennen. Insbesondere handelt es sich um besseres Zeitmanagement, Selbstregulation und um die Verbesserung der Lernleistung in der Schule (Böning und Kegel 2015, S. 123). Hardeland (2016, S. 19) beschreibt Themen rund um geeignete Lernstrategien, um passende Selbstorganisation und Lernplanung, um das Verstehen der eigenen (De-)Motivation sowie die Bewältigung von Prüfungen.

3.4.4 Führung

Mitglieder der Schulleitungen haben eine Leitungsfunktion inne. Dabei bewegen sie sich innerhalb einer Organisationsform, die durch eine flache Hierarchie, ein fehlendes mittleres Management und ein wenig strukturiertes Kollegium hierarchisch Gleicher gekennzeichnet ist (Krainz-Dürr 2000, S. 128). Wenngleich die zunehmende Erweiterung der Entscheidungsspielräume der Schulen in den letzten Jahren kulturelle Veränderungen mit sich gebracht hat, ist die Schulleiterposition zwar seitens der Schulbehörde mit einer formalen Weisungsbefugnis ausgestattet, im Alltag aber durch die Moderation von Entscheidungsprozessen im Sinne einer kooperativen Führung geprägt.

In verschiedenen Coachingstudien wurde die Führungskompetenz von Schulleitern untersucht. Dieses Themenfeld bietet insbesondere hinsichtlich der Rollenvielfalt der Position ein breites Spektrum an Coachingthemen. Das Führungsverständnis von Schulleitern basiert häufig auf ihrer Erfahrung mit der Leitung von Klassenverbänden und dem Umgang mit Schülern auf einer persönlichen Ebene. Mit dem Wechsel in die Schulleiterfunktion umfasst Führung neue Aufgaben mit Partnern, die sich sowohl innerhalb des Systems Schule (Schüler, Lehrkräfte, Hausmeister, Schulpsychologen, Schulaufsicht) als auch außerhalb des Systems (Eltern, Behördenvertreter, Presse, Sponsoren) befinden. Während sich ein Schulleiter bei der hierarchischen Führung, wie beispielsweise gegenüber Lehrkräften, auf die disziplinarische Weisungsbefugnis berufen kann, muss er bei

3

der lateralen Führung der anderen Beteiligten der Situation angepasste Handlungsstrategien entwickeln. Dies gilt auch für die Führung von Projekt- und Arbeitsgruppen.

Beispiel: Verbesserung Führungskompetenz
Bisher hatte der Schulleiter Herr T. wenig Einflussmöglichkeiten auf die Besetzung von Stellen, was dazu führte, dass in der Vergangenheit einige Stellenbesetzungen zu Verstimmungen und Reibungsverlusten im Kollegium geführt haben. Herr T. hat konkrete Vorstellungen zur künftigen Neubesetzung von Lehrerstellen und möchte diese gegenüber der Schulaufsicht durchsetzen. Gemeinsam mit dem Coach erarbeitet er Verhandlungsstrategien, mit denen er den zuständigen Sachbearbeiter der Schulaufsicht dazu bewegen möchte, die Schule bei künftigen Stellenbesetzungen in größerem Umfang als bisher einzubeziehen.

3.4.5 Schulmanagement und Change

Eine Schule ist in ihren Abläufen und Strukturen prozesshaft und hierarchisch aufgebaut. Ihre Anpassungsfähigkeit wird immer dann gefordert, wenn sich die Zusammensetzungen der Zielgruppen oder die strukturellen Rahmenbedingungen verändern. Lehrplanänderungen oder Beschlüsse des Kultusministeriums sind ebenso Anlässe, die Veränderungen mit sich bringen, wie die Diskussion über die Umsetzbarkeit von Inklusion oder die Anzahl von Flüchtlingen, die in einer Schule oder Klasse untergebracht werden können. Auch die Digitalisierung, die Forderung nach der Integration digitaler Medien und Konzepte erfordert Veränderungsbereitschaft seitens der Lehrkräfte, der Schulleitung und die Schaffung entsprechender Strukturen.

Beispiel: Netzwerk Schulentwicklung
Ein Netzwerk aus freiberuflich arbeitenden Coaches aus dem Bereich Wirtschaft und Bildung (▶ www.coachinginitiative.de) steht Schulen bei Transformationsprozessen zur Seite und begleitet in Veränderungsphasen Schulleitungen und Schulkollegium, Strukturen zu verändern, Verhalten neu auszurichten und zielgerichtet zu arbeiten.

▪ **Umgang mit Change**
In Schulen wird das Streben nach Optimierung durch externe Schulleistungsuntersuchungen und Schulreformen kontinuierlich an die Schulleitungen herangetragen. Die Fülle der Aufgaben erfordert eine Beweglichkeit der Schulorganisation, deren Führungskräfte sich von „Schulleitern" zu „Schulgestaltern" entwickeln müssen, um dem nicht versiegenden Strom der Anforderungen gerecht werden zu können. Warwas, Seifried und Meier (2008, S. 102 ff.) haben die Übertragbarkeit von betrieblichem Changemanagement auf das schulische Umfeld geprüft und förderliche und hinderliche Rahmenbedingungen identifiziert (◘ Abb. 3.8). Im Hinblick auf die besondere Rolle der Schulleitung für den Erfolg von Changemanagement in Schulen können Themenstellungen im Coaching abgeleitet werden.

Beispiel: Einführung Qualitätsmanagement
Ein Gymnasium möchte seine Qualität systematisch überprüfen und ein Qualitätsmanagementsystem einführen. Seitens der Behörde wird das Projekt unterstützt, ein Budget wird bereitgestellt, ein externer Berater wurde engagiert. In einer Start-Konferenz wird das Projekt vorgestellt. Ein Bestandteil soll die Einführung von verbindlichen Kriterien zur Beurtei-

Seitens des Kollegiums

Erfolgsfaktoren für Change in Schulen

Seitens der Schulleitung

- Intaktes Klima im Lehrerzimmer

- Risikobereitschaft

- Gemeinsame Überzeugung vom Unterrichten

- Engagiertes Verhalten der Lehrer

- Motiviertes und freiwilliges Einbringen der Meinungsführer

- Vorbild für Lehrer sein

- Konstruktiver Umgang mit Misserfolgen

- Beständigkeit

- Überzeugungskraft

- Glaubhaftes Vertreten der Veränderung gegenüber den Lehrern

nach Warwas, Siegfried und Meier

Abb. 3.8 Erfolgsfaktoren für Change in Schulen (Warwas et al. 2008, S. 102 ff.)

lung von Unterrichtsqualität werden. Obwohl im Kollegium eine grundsätzliche Übereinstimmung herrscht, dass die Einführung des Systems sinnvoll ist, entstehen an diesem Punkt emotional geführte Kontroversen. Die Bereitschaft einzelner Kollegen, an der geplanten Veränderung aktiv mitzuwirken sinkt. Die Lehrerschaft spaltet sich in zwei Lager. Die Schulleitung steht vor der Aufgabe, das Projekt trotz der Widerstände erfolgreich zur Umsetzung zu bringen.

■ Management in Schule

Analog zu Führungskräften in Unternehmen gehören Aufgaben der Planung, Organisation und Kontrolle zu den Aufgaben von Schulleiterinnen und Schulleitern.

Bedingung für die Benennung zur Schulleitung ist die Befähigung für die Lehrtätigkeit, d. h. Mitglieder der Schulleitung sind zunächst als Lehrer tätig und erhalten durch den Wechsel in die Schulleitung zusätzliche Managementaufgaben. In der Schulleitungsfunktion übernehmen sie die Verantwortung für die Planung, Organisation, den Personaleinsatz, die Führung und die Kontrolle des Gesamtsystems Schule. Wie Manager in einem privaten Unternehmen eine Rechenschaftspflicht gegenüber den Eigentümern haben, müssen sich auch Schulleitungen rechtfertigen. Zur Erfüllung ihrer Aufgaben benötigen sie Unterstützung aus dem Kollegium und vom nicht pädagogischen Personal. Im Coaching können Überlegungen reflektiert werden, welche Managementfunktionen auszufüllen sind, wie Delegation erfolgen kann und welche Strukturen geschaffen werden müssen. Zudem kann der Coach als Sparringspartner bei der Vorbereitung auf Gespräche mit dem Personalrat, der Schulverwaltung oder Elternvertretern dienen.

Beispiel: Management in der Schule

Frau P. ist seit kurzem Schulleiterin. Sie hat in dieser Zeit festgestellt, dass die Abstimmung innerhalb der Fachbereiche des Kollegiums nicht koordiniert stattfindet und Informationen über die Unterrichtsinhalte nicht allen Beteiligten zugänglich sind. Das führt beispielsweise dazu, dass auch in planbaren Vertretungsstunden nicht inhaltlich gearbeitet wird, sondern Filme gezeigt und Hausaufgaben gemacht werden. Ihr Ziel ist es, den Infor-

3

mationsfluss innerhalb des Kollegiums zu verbessern, um sicherzustellen, dass bei Stundenausfall der Zugriff auf Arbeitsmaterialien gesichert ist. Dazu erarbeitet sie gemeinsam mit dem Coach Lösungsideen, wie die Struktur der internen Kommunikation verbessert werden kann. Sie legt fest, welche Informationen zur Umsetzung benötigt werden und definiert daraus resultierende Aufgaben und Zuständigkeiten, die sie bei der nächsten Konferenz an die entsprechenden Fachkollegen delegieren wird. Sie sammelt außerdem mit dem Coach Argumente, mit denen sie die Unterstützung des Kollegiums für das Projekt gewinnen will.

- **Mikropolitik**

Mitglieder von Organisationen verfolgen innerhalb ihres von der Organisation gesteckten Handlungsrahmen eigene Ziele. Mikropolitische Aktivitäten stellen aufgrund ihres informellen Charakters an Neulinge in Organisationen beträchtliche Herausforderungen. Obwohl die Rahmenbedingungen in der Organisation auf grün stehen, ist es möglich, dass ein Projekt scheitert, weil die Spielregeln im Umgang mit einzelnen Akteuren nicht eingehalten wurden. Eine von außen kommende Schulleitung sieht sich der Aufgabe gegenüber, informelle Strukturen möglichst schnell zu erfassen, um Widerständen im Kollegium und der Elternschaft zu begegnen. Im Umgang mit der Schulbehörde werden Informationen über relevante Ansprechpartner, Abläufe und Besonderheiten der Zusammenarbeit nicht immer weitergegeben. Ein vom Coach unterstützter systemischer Blick vermag Beziehungen sichtbar zu machen, Handlungsoptionen zu erschließen und die Kommunikation zu verbessern.

Beispiel: Mikropolitik

Frau W. war bisher Schulleiterin in Süddeutschland. Aus familiären Gründen ist sie nun an die neue Schule in Schleswig-Holstein gewechselt. Als „alter Hase" ist sie mit allen Aufgaben einer Schulleitung gut vertraut und hat sich schnell im Kollegium einen guten Namen als erfahrene Schulleiterin gemacht. Die Zusammenarbeit mit der Schulbehörde verläuft allerdings noch nicht reibungslos. Neben den unterschiedlichen Verordnungen und Bildungsplänen, die es zu beachten gilt, ist der Umgang mit den Behördenmitarbeitern anders, als sie es gewohnt. Der Austausch verläuft schleppend und mehr als einmal hatte sie den Eindruck, dass ihr wesentliche Informationen entgangen sind. Mit dem Coach visualisiert sie die zentralen Ansprechpartner und ihre Beziehungen innerhalb des Systems. Dabei stößt sie auf eine Schlüsselperson, die sie als Mentorin gewinnen kann.

Exkurs

Anforderungen an Schulleitung aus dem Schulgesetz
Zu Qualifikation und Ausgestaltung der Verantwortlichkeiten schreibt das Schleswig-Holsteinische Schulgesetz vom 24.01.2007 in Paragraph 33 folgendes vor:
§ 33 Schulleiterinnen und Schulleiter

(1) Jede Schule hat eine Schulleiterin oder einen Schulleiter. Sie müssen sich für die mit der Schulleitung verbundenen Aufgaben eignen. Dafür ist die Befähigung für eine Lehrtätigkeit an der betreffenden Schule erforderlich. Als weitere Eignungsmerkmale kommen insbesondere Erfahrungen

durch eine Tätigkeit in der Schulverwaltung, in der Lehreraus- und -fortbildung oder in leitender Stellung im Auslandsschuldienst in Betracht. (…)
(4) Die Schulleiterinnen und Schulleiter verwalten im Rahmen des Schulbetriebes für den Schulträger das dem Schulzweck dienende Vermö-

gen sowie die vom Schulträger und vom Land zugewiesenen Haushaltsmittel. Sie entscheiden über eine wesentliche Änderung in der Nutzung der Schulgebäude und -anlagen im Benehmen mit dem Schulträger. Die Schulleiterinnen und Schulleiter üben für den Schulträger das Hausrecht aus. Der Schulträger hat sie in Angelegenheiten der Schule zu hören. Die Vertretung des Landes erfolgt nach Maßgabe besonderer Anordnungen. (5) Die Schulleiterinnen und Schulleiter legen jährlich einen Rechenschaftsbericht gegenüber der Schulkonferenz ab, der insbesondere Auskunft über die Verwirklichung des Schulprogramms, die Verwendung der der Schule vom Schulträger und vom Land zur Verfügung gestellten Haushaltsmittel sowie über die Bewirtschaftung der der Schule zugewiesenen Planstellen und Stellen geben soll.

3.4.6 Persönliche Themen

■ **Work-Life-Balance**

Das Selbstbild des perfekten Schulleiters oder der perfekten Lehrkraft, die neben administrativen Tätigkeiten und dem eigenen Unterricht auch jederzeit ein offenes Ohr für Kollegen, Schüler und Eltern hat, ist verführerisch, aber in der Praxis nicht realisierbar. Ohne persönliche Auszeiten drohen Erschöpfung und Burnout. Die Reflexion der persönlichen Prioritäten und die Entwicklung realistischer Zielvorstellungen können neue Perspektiven auf den Gesamtzusammenhang eröffnen.

Beispiel: Work-Life- Balance

Frau Z. ist Mutter von zwei schulpflichtigen Kindern und selbst in der Schulleitung an einem Sportinternat tätig. Die Schule ist über die Region hinaus bekannt und erfährt regelmäßige Erwähnung in der regionalen und überregionalen Presse. Frau Z. tut sehr viel für diesen Erfolg. Neben ihren Schulleitungsaufgaben ist sie verantwortlich für den Kontakt zu den Verbänden. Außerdem schreibt sie ein monatliches Bulletin mit Statusberichten und Erfolgen der Schüler für die Presse und fungiert als Ansprechpartnerin für interessierte Schüler und deren Eltern. Sie arbeitet daher häufig auch in den Abendstunden und an Wochenenden. Grundsätzlich macht ihr der Beruf viel Freude, aber seit einigen Wochen fühlt sie sich zunehmend erschöpft und demotiviert. Zu Hause kommt es in letzter Zeit zu Diskussionen und Auseinandersetzungen mit den Familienmitgliedern um Pflichten im Haushalt. Der Coach macht mit ihr eine Bestandsaufnahme ihrer einzelnen Lebensbereiche. Frau Z. formuliert Ziele für eine bessere Work-Life-Balance. Dazu gehört auch, künftig klare Grenzen zu setzen und sowohl berufliche als auch private Aufgaben abzugeben.

■ **Gesundheit/Burnout-Prävention**

Verschiedene Studien haben den Zusammenhang zwischen psychischen Belastungen und körperlicher Gesundheit von Lehrkräften untersucht. Ein durch den Aktionsrat Bildung beauftragtes Gutachten zu psychischen Belastungen und Burnout bei Bildungspersonal stellt fest, dass Interventionen, die eine kognitive Verhaltensänderung einschließen, als wirksam bewertet werden können und empfiehlt Coaching im Rahmen der Handlungsfelder des betrieblichen Gesundheitsmanagements (Vereinigung der Bayerischen Wirtschaft 2014, S. 115).

Das schulische Lehren und Lernen ist eingebettet in die zwischenmenschliche Beziehungsgestaltung zwischen Lehrern, Schülern, Eltern, Kollegen und Vorgesetzten. Das

3

Studium bereitet angehende Lehrkräfte auf diesen grundlegenden Aspekt ihrer Tätigkeit nicht ausreichend vor. Jedoch lassen sich angewandte Beziehungspsychologie, stimmige Körpersprache und der Umgang mit der eigenen Sprache durchaus nachtrainieren (Bauer 2009, S. 254). Das wissenschaftliche entwickelte und evaluierte *Lehrer/innen-Coaching nach dem Freiburger Modell* fußt auf einer Schulstudie des Oberschulamtes Freiburg in Kooperation mit der Universitätsklinik Freiburg aus dem Jahr 2004. Ausgangspunkt des Projektes waren seit Jahren konstant hohe, bei ca. 50 % liegende Anteile gesundheitsbedingter vorzeitiger Dienstunfähigkeit bei schulischen Lehrkräften (Bauer 2004, S. 2). Das Ergebnis dieser Studie zeigt, dass die Unterrichtssituation von Lehrkräften zunehmend als belastend wahrgenommen wird und Auswirkungen auf die Lehrergesundheit zeigt. Insbesondere die Verunsicherung im Umgang mit Schülern, destruktives Schülerverhalten und Probleme in der Zusammenarbeit mit Kollegen und Schulleitungen wurden als Themen benannt (Bauer 2004, S. 10). Die freie Entfaltung der eigenen Identität bei gleichzeitiger beruflicher Abgrenzung, gelungene Beziehungsarbeit mit Schülern, Eltern und Kollegen und soziale (kollegiale) Unterstützung sind die zentralen Aspekte des daraufhin entwickelten Gruppencoachings mit dem Ziel der Stärkung der psychischen Lehrergesundheit (Burnout-Prävention) (► Abschn. 3.6.1).

Exkurs

Potsdamer Lehrerstudie

Mit der breit angelegten *Potsdamer Lehrerstudie*, die in den Jahren 2000 bis 2006 im Auftrag des Deutschen Beamtenbundes und seiner Lehrergewerkschaften durchgeführt wurden, sollten Beiträge zur psychischen Lehrergesundheit geleistet werden. Die Durchführung gliederte sich in zwei Etappen. Die Bestandsaufnahme der ersten Etappe konzentrierte sich auf die Muster des arbeitsbezogenen Verhaltens und Erlebens. Dazu wurden das Arbeitsengagement, die psychische Widerstandskraft und die Emotionen, die die Auseinandersetzung mit den Arbeitsanforderungen begleiten, untersucht und nach den vier übergeordneten Mustern Gesundheit (Muster G), Schonung (Muster S), Anstrengung (Risikomuster A) und Burnout (Risikomuster B) unterschieden (Schaarschmidt 2005a, S. 24 ff.; 2007, S. 22 f.).

Die Ergebnisse der ersten Studienetappe zeigten einen geringen Anteil des angestrebten Gesundheits-Musters G (17 %), während die Anteile der beiden Risikomuster A und B jedoch jeweils sehr hoch waren (je 30 %). Während im Hinblick auf Regionalität und Schulformen keine nennenswerten Unterscheidungen festgestellt werden konnten, war der Anteil von Frauen an den Risikomustern höher. Dies gilt auch für die Analyse nach Altersgruppen. Mit steigendem Lebensalter findet eine progressive Verschlechterung der Beanspruchungssituation statt, die auf Frauen stärker als auf Männer zutrifft. Als am stärksten belastende Bedingungen wurden problematisches Schülerverhalten, zu große Klassen und zu viele Stunden genannt. Entlastend wirkt die soziale Unterstützung im Kollegium und durch die Schulleitung (Schaarschmidt 2006, S. 3).

Der Handlungsbedarf wurde in vier Aufgabenfeldern auf den Ebenen der Organisation und der Person

unterschieden: die Rahmenbedingungen des Berufs, die Gestaltung der Arbeitsbedingungen vor Ort, die verbesserte Rekrutierung und Vorbereitung des Lehrernachwuchses sowie die Entwicklung der Lehrer selbst (Schaarschmidt 2005b, S. 141).

In der zweiten Studienetappe wurden daher konkrete Interventionen zur Prävention und Gesundheitsförderung entwickelt (Schaarschmidt 2007, S. 39 ff.):

- Analyse und Gestaltung von Arbeitsbedingungen und Arbeitsabläufen
- Unterstützung der Teamentwicklung und Führungsarbeit an der Schule
- Berufsbegleitende und -vorbereitende Intervention durch Gruppentraining und individuelle Beratung
- Unterstützung bei der Gewinnung geeigneten Lehrernachwuchses

3.5 Finanzierung

Da es zur Finanzierung von Coaching im Schulkontext aktuell keine belastbaren Untersuchungen gibt, basieren die folgenden Angaben auf den Informationen, die uns unsere Gesprächspartner während der Recherchen zu dem vorliegenden Buch gegeben haben.

Für das Coaching von Schülern und Schülerinnen ist an Schulen in der Regel kein Budget eingeplant. Die Abwicklung von externen Spenden oder Unterstützung von einzelnen Projekten kann über die Schulvereine ermöglicht werden. Teilweise ist auch eine Finanzierung über Projekte der Krankenkassen möglich. Der Aufwand zur Beantragung dieser Mittel erfordert jedoch in der Regel die Bearbeitung von umfangreichen Bewerbungsunterlagen und den Nachweis diverser formaler Kompetenzen.

Im Bereich der Nachhilfe zeichnet sich ein Trend ab, diese im Rahmen der Ganztagsbetreuung mit anzubieten. Dies könnte gegebenenfalls auch ein Ansatzpunkt für Coaching von Grundschülern sein.

Teilweise werden Coachings für Schüler durch Ehrenamtliche durchgeführt und sind dann kostenlos oder erfordern nur einen geringen Eigenbeitrag.

Coachings von externen Anbietern werden in der Regel über die Eltern initiiert und finanziert.

Im Rahmen von Schulentwicklungsprojekten können Budgets für Coaching generiert werden. Landesinstitute sehen teilweise eigene Budgets und Ressourcen vor oder werden aus Stiftungstöpfen unterstützt. Das Coaching von Lehrkräften und Führungspersonen ist in der Regel Bestandteil von Personalentwicklungsmaßnahmen, die vom Arbeitgeber übernommen werden.

3.6 Konzepte aus der Praxis

Im Folgenden haben wir fünf Konzepte aus der Praxis beschrieben, um einen beispielhaften Überblick über die Vielfalt der am Markt existierenden Angebote für Zielgruppen aus dem Schulkontext zu geben. Da die Landschaft des Bildungscoachings zurzeit noch recht unübersichtlich ist, finden in diesem Kapitel neben wissenschaftlich fundierten Konzepten exemplarisch auch Angebote seitens der Schulbehörde und eine Schulinitiative Eingang.

3.6.1 Lehrer-Coachinggruppen nach dem Freiburger Modell

Das bereits in ▶ Abschn. 3.6.1 angesprochene Lehrercoaching nach dem Freiburger Modell wird nachfolgend detaillierter dargestellt, da es sich zum einen um ein wissenschaftliches Konzept handelt, das über das Internet einer breiten Öffentlichkeit zugänglich gemacht wird (▶ https://lehrer-coachinggruppen.de/) und für das von den Entwicklern ein ausführliches Manual bereitgestellt wird (Bauer et al. 2007). Zum anderen wird es von der Projektleitung an der Klinik für Psychosomatische Medizin und Psychotherapie des Universitätsklinikums Freiburg laufend evaluiert, was in diesem Kontext bisher nicht häufig vorkommt (Unterbrink et al. 2010, S. 263). Das vom Kultusministerium Baden-Württemberg geförderte Coaching kann von den Lehrkräften aller öffentlichen Schulen in Baden-Württemberg kostenlos besucht werden.

Die Inhalte des Coachings werden in fünf Modulen bearbeitet.

> **Module des Freiburger Modells**
> ▬ Beziehungserfahrungen und ihre Auswirkungen auf die Gesundheit
> ▬ Persönliche Einstellung: Identität und Identifikation
> ▬ Beziehungsgestaltung mit Schülern/Schülerinnen
> ▬ Beziehungsgestaltung mit Eltern
> ▬ Beziehungsgestaltung mit Kollegen/Kolleginnen – Spaltungstendenzen versus Kollegialität

Die vorgenannten Themenblöcke werden jeweils innerhalb von zwei Doppelstunden in Gruppengrößen bis 12–15 Lehrkräften bearbeitet. Es sollten alle Module bearbeitet werden, wobei die Reihenfolge der Module nach den Erfordernissen der Gruppe variiert.

■ **Ablauf**

Der Ablauf der Sitzungen folgt einem festgelegten Schema. In der ersten Doppelstunde wird das Thema des Moduls vorgestellt. Methodisch erfolgt dies durch eine Präsentation oder ein Lehrgespräch. Daran anschließend folgt eine Dialogrunde, die vom Coach moderiert wird und die aus einer Diskussion und der Erweiterung der präsentierten Inhalte besteht. Ziel dieser Einheit ist es, einen theoretischen Bezug herzustellen und gleichzeitig die Erinnerung und Fantasie der TeilnehmerInnen im Hinblick auf ihre konkreten Erfahrungen anzuregen, um dies in der zweiten Einheit praktisch zu vertiefen.

In der zweiten Doppelstunde berichtet ein Gruppenmitglied über eine schwierige Situation aus dem Schulgeschehen. Diese wird im Anschluss von den anderen Mitgliedern – moderiert durch den Coach – diskutiert und reflektiert.

Diese Vorgehensweise orientiert sich an der Balintgruppenarbeit, d. h., der Fallgeber beobachtet die Gruppe, während diese seinen Fall bespricht. Aufgabe des Coaches ist es in dieser Phase, den Fortgang der Arbeit anzuregen, Einfälle zu sortieren und Wertungen durch die Gruppe zu vermeiden. Abschließend tauschen sich Fallgeber und Gruppe über ihre gewonnenen Erkenntnisse und daraus resultierende neue Handlungsoptionen aus.

■ **Inhalte**

Das erste Modul enthält Informationen zur Auswirkung von Beziehungserfahrungen auf die Gesundheit sowie eine Entspannungsübung. Ziel dieses Moduls ist, das Format einzuführen, erste grundlegende Sachinformationen zum Thema zu vermitteln und den Teilnehmenden die Relevanz des Themas für ihre persönliche Arbeit in der Schule zu verdeutlichen.

Im zweiten Modul wird die Bedeutung der persönlichen Einstellung anhand der Aspekte *persönliche Identität* und *berufliche Identifikation* beleuchtet. Ziel dieses Moduls ist, die Teilnehmenden zu einer Reflektion über ihre Identität als Lehrpersonen als auch Identifikation mit dem Beruf anzuleiten.

Die Beziehungsgestaltung zu Schülern ist Thema des dritten Moduls. Ziel dieses Moduls ist, dass die Teilnehmenden für sich eine passende Balance zwischen Verstehen und Führen von Schülern finden.

Das vierte Modul behandelt die Beziehungsgestaltung zu Eltern. Ziel dieses Moduls ist, Handlungsoptionen zu erarbeiten, wie neben dem Verstehen der Elternperspektive auch Kompetenz und Führung demonstriert werden können.

Das letzte Modul thematisiert die Bedeutung von kollegialem Zusammenhalt, wobei die kollegiale Unterstützung als essenzieller Faktor zur Stressreduktion und damit zur Erhaltung der Gesundheit herausgestellt wird. Ziel dieses Moduls ist, die Teilnehmenden für die Bedeutung von kollegialem Zusammenhalt zu sensibilisieren und Regeln für den Umgang mit Beschwerden zu vermitteln.

■ **Evaluation und Widerstände**

Die Teilnahme am Coaching geht mit einer signifikanten Verbesserung der gesundheitsbezogenen abhängigen Variablen einher. Insbesondere die ausgeprägte Verbesserung der psychischen Gesundheit wird dabei hervorgehoben (Pixner 2014, S. 4).

Bei der Umsetzung des Konzeptes stießen die Entwickler auch auf Widerstände. Die aus dem Business Coaching bekannte defizitorientierte Sichtweise auf Coaching und die Person des Coaches findet in diesem Fall eine Entsprechung.

Bauer et al. beschreiben massive Vorbehalte und Vorurteile seitens der Lehrkräfte, dass eine Teilnahme am Gruppencoaching das Eingeständnis impliziere, man leiste keine gute Arbeit. Außerdem wurde mehrfach das Argument vorgebracht, dass schulische Probleme durch kleinere Klassen, mit weniger Deputatsstunden und in besser ausgestatteten Schulen gut lösbar seien. Durch das Coachingangebot würden diese Probleme psychologisiert, anstatt sie durch eine Verbesserung der Ausstattung zu beheben. Von Seiten der Schulleitungen und Schulbehörden wurden Vorbehalte eingebracht, dass Lehrende im Coaching unseriösen Einflüssen von außerhalb der Schulorganisation ausgesetzt seien. Zum anderen bemängeln die Autoren die fehlende Erkenntnis des Zusammenhangs zwischen Lehren/Lernen und gelungener Beziehungsgestaltung in Schulverwaltungen und Ministerien (2007, S. 14)

Es ist zu vermuten, dass seitdem ein Erkenntnisgewinn stattgefunden hat, da das Coaching heute (Stand 08/2018) vom Kultusministerium Baden-Württemberg gefördert wird.

3.6.2 Das Kieler Modell Lerncoaching (KML) – Coaching für Schüler

Das Kieler Modell Lerncoaching wurde am Institut für Pädagogik der Christian-Albrechts-Universität zu Kiel entwickelt und wird ebenfalls fortlaufend evaluiert. Es zielt darauf ab, Lernstrategien zu erweitern und das Selbstmanagement der Schüler zu verbessern, um die Effizienz des Wissenserwerbs und der Wissensanwendung zu optimieren. Lehrkräfte an Schulen können sich im Rahmen einer berufsbegleitenden Weiterbildung, die aus elf Modulen besteht, zum Lerncoach ausbilden lassen (Pallasch und Hameyer 2012, S. 134 ff.).

Inhaltlich wurden für das Lerncoaching aus den bisherigen Erfahrungen vier grundlegende Themenbereiche definiert (Nicolaisen und Pallasch 2010, S. 163 ff.):

■ **Der personale Faktor**

Zu den wesentlichen Einflussfaktoren auf den Schulerfolg zählt die Beziehung zwischen Schüler und Lehrern. Dies wird unter anderem dem menschlichen Bedürfnis nach Bindung zugeschrieben. Im Lerncoaching wird dieses Prinzip auf das Verhältnis Schüler-Lerncoach übertragen. Eine professionelle und empathische, aber nicht anbiedernde Gesprächsführung auf Augenhöhe ist daher das bedeutendste Instrument eines Lerncoaches.

3

■ **Die persönliche Haltung**

Das Konzept unterscheidet zwischen Motiviertheit (situativem Verhalten) und Motivation (innerer Grundhaltung) und löst sich damit von der im Schulkontext häufig praktizierten Sichtweise, die sich primär auf das situative Verhalten fokussiert. Lerncoaching soll die Perspektive erweitern und den Schüler auf der Ebene seiner persönlichen Haltung ansprechen, um daraus resultierende selbstkongruente Ziele zu entwickeln.

Beispiel: persönliche Haltung

Ein Oberstufenschüler verlässt während des Englischkurses häufig den Klassenraum zu ausgedehnten Rauchpausen. Es kommt daher zu Auseinandersetzungen mit der Englischlehrerin, die dieses Verhalten nicht länger duldet und die Schulleitung informiert. Im Rahmen des Lerncoachings erfährt der Coach, dass der Schüler im Englisch-Unterricht häufig gelangweilt ist, da er aufgrund eines längeren Auslandsaufenthaltes die Sprache bereits sehr gut beherrscht. Er wäre interessiert daran, eine „exotischere" Sprache wie Russisch, Chinesisch oder Japanisch zu lernen. Er habe dies bereits einmal bei seiner Englischlehrerin angesprochen, die dies aber als „nicht machbar" abgelehnt habe. Der Coach unterstützt ihn dabei, Strategien und Argumente zu erarbeiten, wo und wie er diesen Wunsch in der Schule platzieren kann. Nach einem Termin mit der Oberstufenleitung stellt sich heraus, dass es die Möglichkeit gibt, im Rahmen einer Kooperation mit einer Schule in einem anderen Stadtteil eine Chinesisch-AG zu besuchen. Zwar muss der Englischkurs im Hinblick auf die Einhaltung der Vorschriften der Schulkonferenz weiter belegt werden, die Ausgestaltung wird aber in Absprache mit der Englischlehrerin flexibilisiert.

■ **Emotionen**

Erkenntnisse der Hirnforschung zeigen den Zusammenhang zwischen Emotion und Kognition auf.

》 *Wichtig ist der enge Zusammenhang zwischen Kognition, Gedächtnis und Emotion, die sich nicht voneinander trennen lassen. Denn im Gegensatz zum Alltagsverständnis gibt es letztendlich keine rein sachliche Entscheidung. Die Emotion spielt immer mit. (…) Wenn das limbische System eine Bewertung vornehmen will, greift es auf das Gedächtnis zurück. Die dort abgespeicherten Ergebnisse früheren Lernens bilden die Basis für aktuell anstehende Entscheidungen. Je mehr diese Ergebnisse mit Emotionen verknüpft sind, desto besser können sie erinnert werden. (…) Denken und Lernen sind somit nicht emotionslos, sondern geradezu zwangsläufig mit emotionalen Zuständen oder Erfahrungen verknüpft.* (Reich 2005, S. 51)

Emotionen können sich sowohl förderlich als auch hemmend auf den Lernprozess auswirken. Angst und negativer Stress (Distress) beeinträchtigen die Denkleistung, während positive Gefühle und die Überzeugung der Machbarkeit die Motivation und Zufriedenheit mit dem Lernprozess steigern. Positive Emotionen wirken sich auch positiv auf die Gedächtnisleistung aus. Dabei werden Botenstoffe wie Dopamin ausgeschüttet, die dazu führen, dass sich der Lernende glücklich und zufrieden fühlt (Hardeland 2016, S. 132 f.). Diese Erfahrungen werden gespeichert und in künftigen Lernprozessen wieder abgerufen. Eine Aufgabe von Lerncoaching ist daher, diese Zusammenhänge zum einen für den Schüler sichtbar und verständlich zu machen und zum anderen darauf hinzuwirken, ein angenehmes und lernstimulierendes Lernklima zu schaffen.

Wenn sich der Lernende vor Beginn des Lernprozesses seine Stimmungslage bewusst macht, kann er, vorzugsweise in Zeiten selbstgesteuerter Aktivität, wie beispielsweise bei Hausaufgaben und -arbeiten, seine Arbeitsweise und seinen Lernstil entsprechend anpassen.

Beispiel: Emotionen

Eine Schülerin in der E-Phase eines Gymnasiums hat die Aufgabe, eine selbstständige Projektarbeit erstellen. Der Zeitrahmen für die Bearbeitung beträgt drei Monaten. Der erste Monat ist bereits vergangen und sie findet keinen Zugang zur Arbeit. Auch wenn sie stundenlang geeignete Quellen recherchiert hat – sie ist nicht in der Lage, ihre Erkenntnisse und Gedanken zu Papier zu bringen. Der Bildschirm bleibt leer. Nachdem ihr der Lerncoach die Bedeutung von Emotionen für den Lernerfolg erklärt hat, erinnert sie sich daran, dass ihr vor Jahren ein Lehrer im Deutschunterricht eine schlechte Note gegeben und ihr gesagt hatte, sie „könne nicht schreiben". Gemeinsam mit dem Lerncoach entwickelt sie Strategien für den Umgang mit der Schreibblockade.

■ **Abgrenzung Lehrer – Lerncoach**

Bei Fachlehrern steht die fachliche Kompetenz mit dem Ziel der Wissensvermittlung im Vordergrund, während der Lerncoach über psychologische Beratungskompetenz im Sinne eines Lernprozessbegleiters verfügen sollte (Nicolaisen und Pallasch 2010, S. 167 f.). Nimmt ein Lehrer gleichzeitig die Rolle des Lerncoaches ein, sollte in dieser Beziehung kein Abhängigkeitsverhältnis (z. B. durch Notengebung) existieren. Da der Lerncoach im Coaching eine „nicht wissende Haltung" einnimmt, muss er sich situativ von seiner Rolle als wissender und direktiver Fachexperte lösen können. Dies erfordert eine professionelle Rollentrennung. Obgleich das Kieler Modell Lerncoaching eine pädagogische Feldkompetenz bei Lerncoaches voraussetzt, wozu beispielsweise auch die Kenntnis des Curriculums des Lernenden gehört, wird eine personelle Rollentrennung zwischen Fachlehrer und Lerncoach empfohlen, wenngleich in bestimmten Unterrichtssituationen (z. B. in Phasen des kooperativen Lernens) ein Übergang von der Rolle des Wissensvermittlers in die Lernbegleiterrolle per se erfolgt und bewusst gestaltet werden kann.

3.6.3 Lehrer-Coaching in der Berufseinstiegsphase (BEP)

Das Landesinstitut für Lehrerbildung und Schulentwicklung in Hamburg nutzt Coaching als Instrument zum Erlangen, dem Erhalt und der Professionalisierung von beruflicher Performanz (Landesinstitut für Lehrerbildung und Schulentwicklung, Abteilung Fortbildung 2017). Hierbei wird Coaching ganz gezielt in definierten Berufsphasen eingesetzt. In der Berufseinstiegsphase (BEP) ist Coaching eines von mehreren Angeboten in einem modularen Programm, der das Onboarding von neuen Lehrern schulübergreifend begleitet.

■ **Ziele des Programms**

Die Ziele des Programms werden in der Broschüre „Informationen und Materialien für den Berufseinstieg 2017/2018" (Landesinstitut für Lehrerbildung und Schulentwicklung, Abteilung Fortbildung 2017) wie folgt formuliert:

- *Unterstützung und Klärung bei der eigenen professionellen Einarbeitung an der Schule*
- *Theoretische und praktische Weiterentwicklung des pädagogischen Handlungsrepertoires – anknüpfend an die persönlichen Ressourcen*
- *Begleitung und Anleitung bei der Übernahme von eigenverantwortlichen Aufgaben in der Unterrichts- und Schulentwicklung*
- *Förderung von lösungsorientiertem kollegialem Austausch, kollegialer Beratung und Kooperation in bewertungsfreien Peergroups*
- *Stärkung des systemischen Blicks auf Schule, vor allem bezogen auf aktuelle Schulentwicklungsthemen, z. B. Inklusion, Wertevermittlung und demokratiepädagogisches Handeln, interkulturelle Erziehung, Berufs- und Studienorientierung, Beratung von Eltern und Schülerinnen und Schülern*
- *Förderung von Reflexion und Selbstreflexion, um einen multiperspektivischen Blick zu gewinnen und gleichzeitig authentisch handeln zu können*
- *Analyse gesundheitsfördernder innerer und äußerer Strukturen, um persönliche Handlungsspielräume auszuschöpfen*

■ Zielgruppe und Zugang

Zugang zu dem Angebot haben alle neu eingestellten Lehrer an Hamburger Schulen, die gerade in den Beruf einsteigen. Eine Informationsveranstaltung bietet Raum, um das Programm kennenzulernen. Die anschließende Anmeldung zum BEP-Programm ist verbindlich.

■ Bausteine

Das Programm ist modular aufgebaut und setzt sich aus Workshops, Seminaren, BEP-Peer-Groups, Coaching und einem digitalen Forum zusammen. Die BEP-Gruppen stellen die zentrale Säule des BEP dar. Es bestehen Jahres- und Halbjahresgruppen, die monatlich an festen Tagen für drei Stunden geplant und organisiert, oder in Form von Blöcken abgebildet werden.

■ BEP-Jahresgruppen

Die Jahresgruppen werden je nach Schulform zusammengesetzt und finden regelmäßig statt. Der Gesamtumfang beträgt 10 Treffen, die jeweils 3 Stunden lang sind. Inhaltlich wird hier eine Gelegenheit geschaffen, sich in einem bewertungsfreien Raum mit seinem Berufsalltag auseinanderzusetzen und sein eigenes Verhalten zu reflektieren, Routinen zu hinterfragen und weiterzuentwickeln, sich kollegial auszutauschen, zu beraten und sich zu vernetzen. Es werden schulformspezifische und themenspezifische Gruppen unterschieden. Die schulformspezifischen Gruppen richten sich nach den Themen der Teilnehmer und Teilnehmerinnen. Dies können sowohl persönliche Themen als auch Themen des Umgangs mit Schülern, Eltern und Vorgesetzten sein (◘ Abb. 3.9).

Die themenspezifischen Gruppen hingegen bieten bereits inhaltliche Schwerpunkte an und werden von erfahrenen Lehrerkollegen geleitet, die sowohl an einer Hamburger Schule unterrichten als auch über eine Zusatzqualifikation in Supervision und Beratung verfügen. In diesem Bereich erstreckt sich das Themengebiet von „Erfahrungspädagogik", „Inklusive Förderung im Schulalltag", „Beratung" bis hin zu „Unterrichten in internationalen Vorbereitungsklassen – Arbeiten mit geflüchteten Kindern und Jugendlichen" (◘ Abb. 3.10).

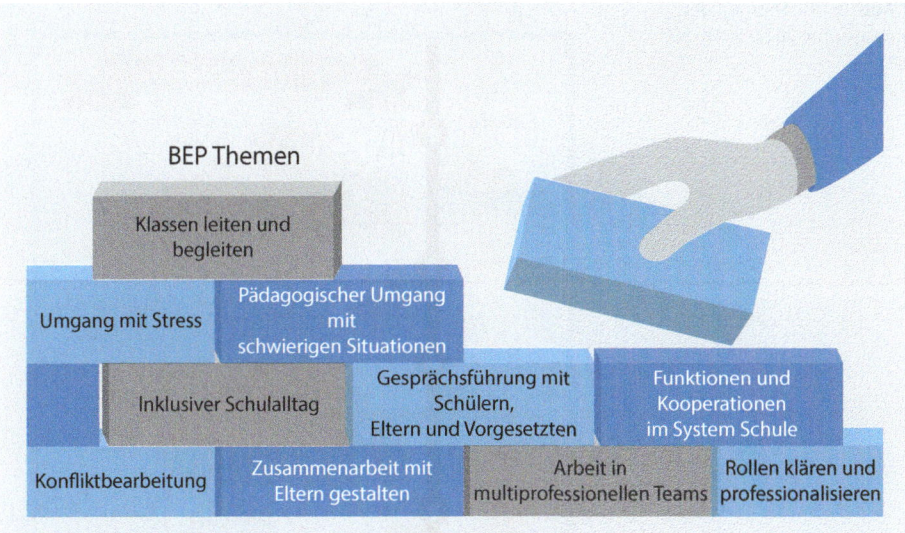

BEP Themen

Klassen leiten und begleiten

Umgang mit Stress

Pädagogischer Umgang mit schwierigen Situationen

Inklusiver Schulalltag

Gesprächsführung mit Schülern, Eltern und Vorgesetzten

Funktionen und Kooperationen im System Schule

Konfliktbearbeitung

Zusammenarbeit mit Eltern gestalten

Arbeit in multiprofessionellen Teams

Rollen klären und professionalisieren

Abb. 3.9 Beispielthemen der Lehrer in schulformspezifischen Gruppen des BEP

Die themenspezifischen Halbjahresgruppen richten sich an alle Schulformen und decken entsprechend übergreifende Themenfelder ab. Sie finden im Umfang von 15 Stunden statt.

Beispielthemen der Halbjahresgruppen (Programm 2017/2018)
- „neue Autorität" und pädagogische Präsenz
- Schüler auf dem Weg zum Abitur begleiten
- In der Berufs- und Studienorientierung arbeiten
- Pädagogische Supervision
- Selbstregulation bei Schülern entwickeln
- …

■ BEP Workshops und Seminare

Die Workshops und Seminare sind kurze und intensive 3-stündige Termine, die vordefinierte Themen aus dem Themengebiet der Berufseinstiegsphase abbilden und in konzentrierter Form der Auseinandersetzung darstellen.

Themen für Workshops und Seminare
- Neu im Hamburger Schulsystem
- Lernentwicklungsgespräche planen und führen
- Dokumentation und Bewertung der laufenden Mitarbeit
- Übernahme einer ersten Klasse
- Schulfahrten erlebnisorientiert planen und durchführen
- …

3

■ **Abb. 3.10**   Themen der Jahresgruppe 2017/2018 des BEP

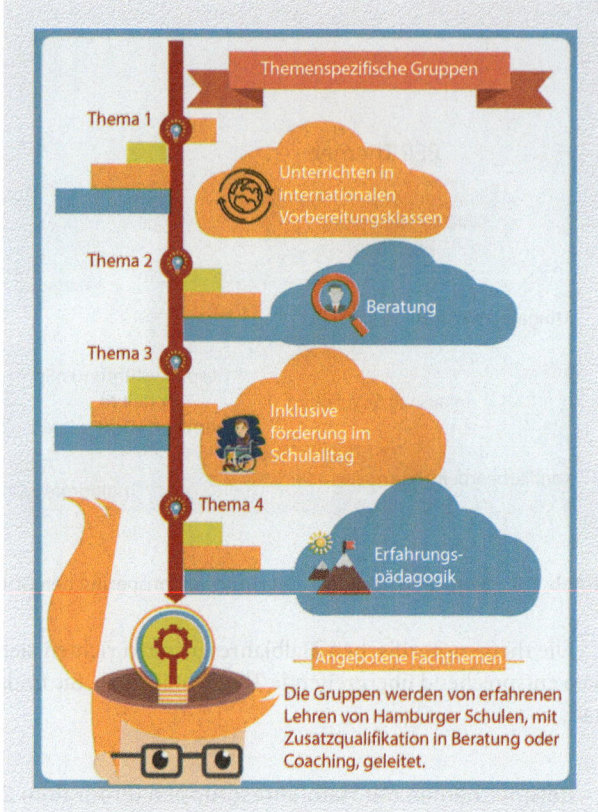

■ **Coaching**

Das Coachingangebot richtet sich an diejenigen Lehrkräfte, deren Thema nicht für eine kollegiale Beratung oder eine Beratung in einem anderen Gruppenkontext geeignet ist. Es steht dem Coachee als kostenfreies Angebot zu Verfügung und umfasst eine einmalige Coachingsitzung mit einer Dauer von ca. 90–120 Minuten.

> **Themen für Coaching**
> – Rolle und Funktion im multiprofessionellen Team und im System Schule
> – Umgang mit Konflikten
> – Berufsbiographische Fragen
> – Fragen der eigenen pädagogischen Präsenz im Unterricht

■ **BEP Forum**

Das Forum ist eine online Plattform (■ Abb. 3.11), auf der ein moderierter Austausch stattfindet. Die Themen werden von den BEP- Teilnehmern und Teilnehmerinnen ein-gebracht und durch einen Moderator kommentiert. Das Besondere an dieser Form des Austausches ist, dass Fragen und Anliegen anonym eingebracht werden; der Moderator antwortet auf die eingebrachte Frage innerhalb von zwei bis drei Tagen. Nicht nur das Einbringen der Fragen ist möglich, sondern auch der Austausch und das Kommentie-

Abb. 3.11 Online moderierter Austausch im BEP Forum (eigene Darstellung) ©

ren von anderen Beiträgen. Hier wird den Lehrkräften die Möglichkeit gegeben, sich zu Themen Rat zu holen, die sie in anderen Beratungsformaten nicht einbringen können; sich dies nicht trauen oder es aus anderen Gründen vorziehen, sich anonym Rat zu holen.

3.6.4 Führungskräfte und Führungsnachwuchskräfteangebot des Landesinstituts für Lehrerbildung und Schulentwicklung Hamburg

Im Rahmen des Führungskräftenachwuchs- und Führungskräfteprogrammes des Landesinstituts für Lehrerbildung und Schulentwicklung ist Coaching als eine Form der Einzelberatung auf dem Weg zur Führungskraft oder im Alltag der Führungskraft angesiedelt. Neben einem umfangreichen Seminarangebot zu Schulmanagement und Personalführung steht den Führungskräften nach Bedarf ein Coachingangebot zur Verfügung. Zur Finanzierung arbeitet das Landesinstitut (LI) in Zusammenarbeit mit der Claussen-Simon-Stiftung, die gemeinsam mit dem Landesinstitut einen Coachingpool zusammengestellt hat und ein Budget dafür zur Verfügung stellt. Dadurch besteht die Möglichkeit, dass jede Führungskraft an allgemeinbildenden Hamburger Schulen jährlich und bei Bedarf den Zugang und den finanziellen Rahmen zu Coaching hat.

■ **Zugang**

Der Zugang zu dem Angebot und dem Portal wird über die Referatsleitung gesteuert. Das Coaching wird über das Portal schriftlich eingereicht. Bei Unsicherheit oder Skepsis gegenüber einem Coaching wird zunächst ein persönliches Erstgespräch geführt, in dem das Coachinganliegen geklärt wird. Danach erfolgt die Mittelfreigabe sowie, sofern

3

noch nicht erfolgt, die Freischaltung des Zugangs zu einem Portal, auf dem sich Coach und Coachee finden. Die Auswahl der Coaches erfolgt anhand von Empfehlungen des Referats, durch themengeleitete Auswahl oder durch bereits bestehende Erfahrungen mit einem bestimmten Coach.

■ **Ablauf**

Coach und Coachee stimmen sich gemeinsam ab und dokumentieren die Arbeit lediglich terminlich, sodass Abrechnungstransparenz hergestellt wird. Die Regeldauer eines Coachingprozesses liegt zwischen vier und sechs Stunden. Im Anschluss an den Coachingprozess findet eine kurze Skalenevaluation des Coachings statt.

■ **Coaches**

Die Auswahl der im Coachingpool aufgenommenen Coaches wird über die Referatsleitung gesteuert. Zu den Aufnahmekriterien gehören eine einschlägige Coaching-Qualifikation, Erfahrung im Schulkontext und ein möglichst breites Methodenspektrum. Das Erfolgskonzept dieser Struktur besteht aus Sicht der Referatsleitung aus der Kontinuität des Angebots in Verbindung mit einem facettenreichen und qualifizierten Netzwerk von Coaches sowie dem verbindlichen und nachhaltigen Qualitätsanspruch, für den das Referat einsteht.

3.6.5 Schule und Leistungssport

Während das Coaching von Schulleitern und Lehrkräften dabei ist, im Bereich der Schul-Personalentwicklung einen mehr oder weniger bedeutenden Platz einzunehmen, wird das Coaching von Schülern in der Praxis individuell von einzelnen Schulen im Rahmen von Projekten gezielt initiiert und begleitet. An der Oberschule an der Ronzelenstrasse in Bremen werden rund 850 Schüler von 85 Lehrkräften unterrichtet. Die Schule bietet durchgängige und durchlässige Bildungswege von der fünften bis zur neunten/zehnten Klasse (G8 oder G9 Bildungsgang) und eine gymnasiale Oberstufe an. Seit den Anfängen im Jahr 2000 hat sie sich zu einer „Sportbetonten Schule" entwickelt. Das bedeutet, dass Schüler, die Leistungssport betreiben, hier die Möglichkeit haben, Sport und Schule zu verbinden. Zwölf Sportfachverbände empfehlen ihre Kadersportler und -sportlerinnen für diesen Standort. In sogenannten Kaderklassen werden diese Schülerinnen und Schüler zusammengefasst, damit bei der Stundenplangestaltung Zeitfenster für das Training im Vormittagsbereich geblockt werden können, um schulische und leistungssportliche Anforderungsprofile vereinbaren zu können. Dennoch ist die Vereinbarkeit zwischen Leistungssport und Schulerfolg ein Thema, das die Schüler, Eltern, Trainer und Lehrer permanent begleitet, da die Beteiligten mitunter unterschiedliche Zielvorstellungen verfolgen. Insbesondere der Übergang in die Oberstufe und die daran schließende Vorbereitung auf das Abitur erweisen sich als kritische Phasen in der Schullaufbahn der Kadersportler und -sportlerinnen. Begleitend führt die Schule verschiedene Projekte durch. Dazu gehören beispielsweise Workshops zu Mentaltraining und Achtsamkeit, Yoga und Meditation, ein durch einen externen Coach unterstütztes Planungstools zur Abiturvorbereitung sowie die Durchführung eines Projekts der Schullaufbahnberatung mit einer externen Organisationsentwicklerin. Dieses beginnt bereits in Klasse 9 und setzt den Fokus auf die individuelle Entwicklung der einzelnen Schülerinnen und Schüler. Dabei werden die Erwartungen und Zielvorstellungen der Schüler (und Eltern) erfasst, aber auch ein Ist-Status erhoben und durch eine Potentialeinschätzung seitens der Trainer und Lehrer ergänzt. An einem runden Tisch mit der Schulleitung, dem Koordinator Leistungssport, Repräsentanten der Verbände, Trainern und Lehrern werden dann die Ergebnisse zusammengeführt und individuelle Lösungen für jeden Schüler erarbeitet. Die Initiative für diese Projekte und das Angebot an die Teilnehmenden geht dabei vom Koordinator Leistungssport aus, wie auch die Bereitstellung des Budgets und die Koordination der externen Coaches/Berater eigenständig organisiert wird.

Literatur

Akademie für Lehrerfortbildung und Personalführung. (o. J.). Akademie für Lehrerfortbildung und Personalführung, Dillingen. https://alp.dillingen.de/lehrgaenge/suche/lg_lehrgang.php?Lg_ID=28355. Zugegriffen am 31.05.2018.

Atkinson, R. C., & Shiffrin, R. M. (1986). Human memory: A proposed system and its control processes. Psychology of learning and motivation, 2. In *The psychology of learning and motivation* (Bd. 8). New York/London: Academic Press.

Bartelt, G., & Sauter, O. (2012). Schülercoaching – eine Antwort auf das G8-Gymnasium. http://www.hainberg-gymnasium.de/fileadmin/inhalt/hg_allgemein/coaching/Aufsatz_Schueler-Coaching_Bartelt_Sauter_2012-12-11.pdf. Zugegriffen am 28.08.2018.

Bauer, J. (2004). Schulstudie Freiburg Kurzfassung. www.psychotherapie-prof-bauer.de. http://www.psychotherapie-prof-bauer.de/schulstudiedeutsch.pdf. Zugegriffen am 31.05.2018.

Bauer, J. (2009). Burnout bei schulischen Lehrkräften. *PiD – Psychotherapie im Dialog, 10*(03), 251–255. https://doi.org/10.1055/s-0029-1223327.

Bauer, J., Unterbrink, T., & Zimmermann, L. (2007). *Verbundprojekt Lange Lehren: Gesundheitsprophylaxe für Lehrkräfte – Manual für Lehrer-Coachinggruppen nach dem Freiburger Modell*. Dresden: Selbstverl. der Techn. Universität Dresden.

Birkelbach, K., Dobischat, R., & Dobischat, B. (2017). *Ausserschulische Nachhilfe: ein prosperierender Bildungsmarkt im Spannungsfeld zwischen kommerziellen und öffentlichen Interessen* (Bd. 348). Düsseldorf. https://www.boeckler.de/pdf/p_study_hbs_348.pdf. Zugegriffen am 29.05.2018.

Böning, U., & Kegel, C. (2015). *Ergebnisse der Coaching-Forschung: Aktuelle Studien – ausgewertet für die Coaching-Praxis*. Berlin/Heidelberg: Springer.

Buhren, C. G., & Rolff, H.-G. (2009). *Personalmanagement für die Schule: ein Handbuch für Schulleitung und Kollegium* (2., erw. u. vollst. überarb. Aufl.). Weinheim/Basel: Beltz.

Dohmen, D., Erbes, A., Fuchs, K., & Günzel, J. (2008). *Was wissen wir über Nachhilfe? – Sachstand und Auswertung der Forschungsliteratur zu Angebot, Nachfrage und Wirkungen*. Bielefeld: Bertelsmann.

Ebner, K. (2009). Entwicklung der Studierfähigkeit als Aufgabe der Universität: Coaching studentischer Selbstmanagementkompetenzen. *Zeitschrift für Hochschulentwicklung, 4*(3), 37–52.

Eschelmüller, M. (2008). *Lerncoaching: Vom Wissensvermittler zum Lernbegleiter. Grundlagen und Praxishilfen*. Mülheim an der Ruhr: Verlag an der Ruhr.

forsa Politik- und Sozialforschung GmbH. (2016). *Berufszufriedenheit im Lehrerberuf* (Ergebnisse einer repräsentativen Lehrerbefragung). Berlin. https://www.vbe.de/fileadmin/user_upload/VBE/Service/Meinungsumfragen/2016_02_11_Berufszufriedenheit_Auswertung.pdf. Zugegriffen am 18.04.2018.

forsa Politik- und Sozialforschung GmbH. (2018). *Die Schule aus Sicht der Schulleiterinnen und Schulleiter – Berufszufriedenheit von Schulleitungen* (Ergebnisse einer bundesweiten Repräsentativbefragung). Berlin. https://www.vbe.de/fileadmin/user_upload/VBE/Service/Meinungsumfragen/2018-03-02_forsa-Bericht_Schulleitungen_Bund.pdf. Zugegriffen am 18.04.2018.

Gasser, P. (2008). *Neuropysiologische Grundlagen des Lernens*. Bern: hep.

Gerich, M., Bruder, S., Hertel, S., Hascher, T., & Schmitz, B. (2014). Beratung, intervention, supervision. In T. Seidel & A. Krapp (Hrsg.), *Pädagogische Psychologie: mit Online-Materialien* (6., vollst. überarb. Aufl., S. 517–542). Weinheim/Basel: Beltz.

Gesellschaft für angewandte Neurowissenschaften und Persönlichkeitsentwicklung. (o. J.). GNPE. https://www.gnpe.de/250/coach-ausbildung/faq-ausbildung. Zugegriffen am 29.05.2018.

Gräsel, C. (2014). Lernumwelten in Schule. In T. Seidel & A. Krapp (Hrsg.), *Pädagogische Psychologie: mit Online-Materialien* (6., vollst. überarb. Aufl., S. 407–432). Weinheim/Basel: Beltz.

3

Guyer, J.-L. (2013). Coaching für Schulleiter – ein Balanceakt in sechs Bildern. In E. Lippmann (Hrsg.), *Coaching: angewandte Psychologie für die Beratungspraxis* (3., überarb. Aufl., S. 190–202). Berlin/Heidelberg: Springer.

Hardeland, H. (2016). *Lerncoaching und Lernberatung: Lernende in ihrem Lernprozess wirksam begleiten und unterstützen: ein Buch zur (Weiter-)Entwicklung der theoretischen und praktischen (Lern-)Coachingkompetenz* (5., korr. Aufl.). Baltmannsweiler: Schneider Verlag Hohengehren.

Hattie, J. (2009). *Visible learning: A synthesis of over 800 meta-analyses relating to achievement.* London/New York: Routledge.

Huber, S. (2009). Schulleitung – Anforderungen und Professionalisierung aus internationaler Perspektive. *Lehren & Lernen, 35*(8/9), 12–21.

Kempfert, G., & Rolff, H.-G. (2002). *Pädagogische Qualitätsentwicklung: ein Arbeitsbuch für Schule und Unterricht* (3., unveränd. Aufl.). Weinheim: Beltz.

Krainz-Dürr, M. (2000). Wie Schulen lernen. Zur Mikropolitik von Schulen. In H.-H. Krüger, H. Wenzel & Zentrum für Schulforschung und Fragen der Lehrerbildung (Hrsg.), *Schule zwischen Effektivität und sozialer Verantwortung* (S. 125–140). Opladen: Leske + Budrich.

Landesinstitut für Lehrerbildung und Schulentwicklung, Abteilung Fortbildung. (2017). Informationen und Materialien zur Berufseinstiegsphase für den Berufseinstieg 2017/2018. *Li Hamburg.* http://li.hamburg.de/contentblob/5598680/1c7d6bc716eb163fd7a3e9db6da7e9f1/data/pdf-bep-information.pdf. Zugegriffen am 09.04.2018.

Lipowsky, F. (2006). Auf den Lehrer kommt es an. Empirische Evidenzen für Zusammenhänge zwischen Lehrerkompetenzen, Lehrerhandeln und dem Lernen der Schüler. *Zeitschrift für Pädagogik,* (51. Beiheft), 47–70.

Lippmann, E. (2013). Grundlagen auf der Basis eines systemisch-lösungsorientierten Beratungsansatzes. In E. Lippmann (Hrsg.), *Coaching: angewandte Psychologie für die Beratungspraxis* (3., überarb. Aufl., S. 13–52). Berlin/Heidelberg: Springer. Zugegriffen am 07.06.2017.

Madden, W., Green, S., & Grant, A. M. (2011). A pilot study evaluating strengths-based coaching for primary school students: Enhancing engagement and hope. *International Coaching Psychology Review, 6*(1), 71–83.

Merriman, D. E., & Codding, R. S. (2008). The effects of coaching on mathematics homework completion and accuracy of high school students with attention-deficit/hyperactivity disorder. *Journal of Behavioral Education, 17*(4), 339–355. https://doi.org/10.1007/s10864-008-9072-3.

Mintzberg, H. (1991). *Mintzberg über Management, Führung und Organisation, Mythos und Realität.* Wiesbaden: Gabler.

Nicolaisen, T., & Pallasch, W. (2010). Lerncoaching – Überlegungen und Erfahrungen. In J. Mägdefrau (Hrsg.), *Schulisches Lehren und Lernen: pädagogische Theorie an Praxisbeispielen* (S. 156–172). Bad Heilbrunn: Verlag Julius Klinkhardt.

Niedersächsisches Landesinstitut für schulische Qualitätsentwicklung. (o. J.). Niedersächsischer Bildungsserver: Qualifizierung für neu ernannte Schulleiterinnen und Schulleiter (QSL). https://www.nibis.de/nibis.php?menid=1059. Zugegriffen am 31.05.2018.

Pallasch, W., & Hameyer, U. (2012). *Lerncoaching: theoretische Grundlagen und Praxisbeispiele zu einer didaktischen Herausforderung* (2. Aufl.). Weinheim: Beltz Juventa.

Parker, D. R., & Boutelle, K. (2009). Executive function coaching for college students with learning disabilities and ADHD: A new approach for fostering self-determination. *Learning Disabilities Research & Practice, 24*(4), 204–215. https://doi.org/10.1111/j.1540-5826.2009.00294.x.

Pixner, S. (2014). *Evaluation einer Gesundheitspräventionsmaßnahme für baden-württembergische Lehrkräfte (Lehrergesundheitsprojekt) gemäß dem „Lehrer/innen-Coaching nach dem Freiburger Modell" in zwei Darbietungsmodi.* Dissertation, Universität Potsdam.

Reich, E. (2005). *Denken und Lernen: Hirnforschung und pädagogische Praxis.* Darmstadt: WBG Wissenschaftliche Buchgesellschaft.

Schaarschmidt, U. (Hrsg.). (2005a). Potsdamer Lehrerstudie – Anliegen und Konzept. In *Halbtagsjobber? psychische Gesundheit im Lehrerberuf – Analyse eines veränderungsbedürftigen Zustandes* (2. Aufl., Druck nach Typoskript., S. 15–40). Weinheim/Basel: Beltz.

Schaarschmidt, U. (Hrsg.). (2005b). Potsdamer Lehrerstudie – ein erstes Fazit. In *Halbtagsjobber? psychische Gesundheit im Lehrerberuf – Analyse eines veränderungsbedürftigen Zustandes* (2. Aufl., Druck nach Typoskript., S. 141–156). Weinheim/Basel: Beltz.

Schaarschmidt, U. (2006). *Die Potsdamer Lehrerstudie. Ergebnisüberblick, Schlussfolgerungen und Maßnahmen*. Gehalten auf der Vortragreihe „Lehrerbildung im Diskurs". Köln. https://www.schulberatung.bayern.de/imperia/md/content/schulberatung/pdfschw/pdfschw0809/lehrergesundheit_potsdamer_lehrerstudie_06.pdf. Zugegriffen am 01.06.2018.

Schaarschmidt, U. (Hrsg.). (2007). Kapitel 1 Einführung und Überblick. In *Gerüstet für den Schulalltag: psychologische Unterstützungsangebote für Lehrerinnen und Lehrer* (Dr. nach Typoskript., S. 17–43). Weinheim: Beltz.

Schreyögg, A. (2008). *Coaching für die Schulleitung*. 18. Bundeskongress für Schulpsychologie. Stuttgart. http://buko2008.bdp-schulpsychologie.de/pdfs_nach/schreyoegg_vortrag.pdf. Zugegriffen am 24.06.2017.

Schreyögg, A. (2012). *Coaching: Eine Einführung für Praxis und Ausbildung* (7., überarb. Aufl.). Frankfurt am Main: Campus Verlag.

Statistisches Bundesamt (Destatis). (2017). 33 % der Schülerinnen und Schüler mit Migrationshintergrund – Pressemitteilung des Statistischen Bundesamtes vom 07.02.2017. https://www.destatis.de/DE/PresseService/Presse/Pressemitteilungen/zdw/2017/PD17_006_p002pdf.pdf?__blob=publicationFile. Zugegriffen am 27.05.2018.

Statistisches Bundesamt (Destatis). (2018a). Staat & Gesellschaft – Schulen. https://www.destatis.de/DE/ZahlenFakten/GesellschaftStaat/BildungForschungKultur/Schulen/Schulen.html. Zugegriffen am 27.05.2018.

Statistisches Bundesamt (Destatis). (2018b). *Schulen auf einen Blick Ausgabe 2018*. https://www.destatis.de/DE/Publikationen/Thematisch/BildungForschungKultur/Schulen/BroschuereSchulenBlick0110018189004.pdf?__blob=publicationFile. Zugegriffen am 27.05.2018.

Unterbrink, T., Zimmermann, L., Pfeifer, R., Rose, U., Joos, A., Hartmann, A., et al. (2010). Improvement in school teachers' mental health by a manual-based psychological group program. *Psychotherapy and Psychosomatics, 79*(4), 262–264.

Vereinigung der Bayerischen Wirtschaft. (Hrsg.). (2014). *Psychische Belastungen und Burnout beim Bildungspersonal: Empfehlungen zur Kompetenz- und Organisationsentwicklung; Gutachten* (1. Aufl.). Münster: Waxmann.

Warwas, J., Seifried, J., & Meier, M. (2008). Change Management von Schulen- Erfolgsfaktoren und Handlungsstrategien aus Sicht der Schulleitung an beruflichen Schulen. In R. Voss (Hrsg.), *Innovatives Schulmanagement* (S. 102–124). Gernsbach: Deutscher Betriebswirte Verlag.

Anwendungsfeld Hochschule

© Springer Fachmedien Wiesbaden GmbH, ein Teil von Springer Nature 2019
G. Matthes, H. Garczorz, *Bildungscoaching*, https://doi.org/10.1007/978-3-658-23918-3_4

4

Hochschule

Coaching an Hochschulen nimmt sowohl in der Literatur als auch in der Praxis eine zuneh-
mende Bedeutung ein. Die Begleitung von Studienanfängern, abbruchgefährdeten Studieren-
den und Studienabbrechern durch Coaching findet immer öfter Aufnahme in das Portfolio der
Beratungsstellen an Hochschulen. Auf der Seite der Lehrenden werden beispielsweise Coachings
für Neuberufene, Promovierende oder Wissenschaftler konzipiert. Gesteuert und begleitet wer-
den die Coachingprozesse durch diverse Akteure innerhalb und außerhalb des Systems Hoch-
schule. Durch die Darstellung von Akteuren, Zielen, Anlässen, Themen und theoretischen Kon-
zepten als auch durch die beispielhafte Beschreibung von Zugängen und Angeboten aus der
beruflichen Praxis wird ein Überblick über den Einsatz von Coaching im Anwendungsfeld Hoch-
schule gegeben.

In 2018 listet die deutsche Hochschulrektorenkonferenz (HRK) 396 Hochschulen, davon 121 Universitäten, 218 Fachhochschulen und 57 Kunst- und Musikhochschulen
(2018, S. 1). Rund 60 % der Hochschulen sind in staatlicher Hand, 40 % sind staatlich
anerkannt, aber in privater oder kirchlicher Trägerschaft (30 % privat, 10 % kirchlich)
(◘ Abb. 4.1).

Die Zahl der Studierenden ist in den letzten 10 Jahren stark gestiegen. Im Wintersemester 2016/2017 waren rund 2,8 Mio. Studierende an deutschen Universitäten und Fachhochschulen immatrikuliert. Damit beträgt der Anstieg gegenüber dem Wintersemester
2006/2007 42 % (Statistisches Bundesamt (Destatis) 2017, S. 6). Aufgrund der Umstellung
auf G8 und der durch den Bologna-Prozess verkürzten Studienzeit werden die Studienanfänger und Absolventen immer jünger. Ist der durchschnittliche Absolvent eines Hoch-
schulstudiums im Jahr 2005 27,8 Jahre alt, besitzt er zehn Jahre später bereits im Alter von
24,1 Jahren das erste Hochschuldiplom (Statistisches Bundesamt 2016a, S. 169). Betreut
werden die Studierenden von rund 691.000 Beschäftigten, davon 56 % wissenschaftliches
und künstlerisches Personal und 44 % Verwaltungs-, technisches und sonstiges Personal
(Statistisches Bundesamt 2016b, S. 20) (◘ Abb. 4.2).

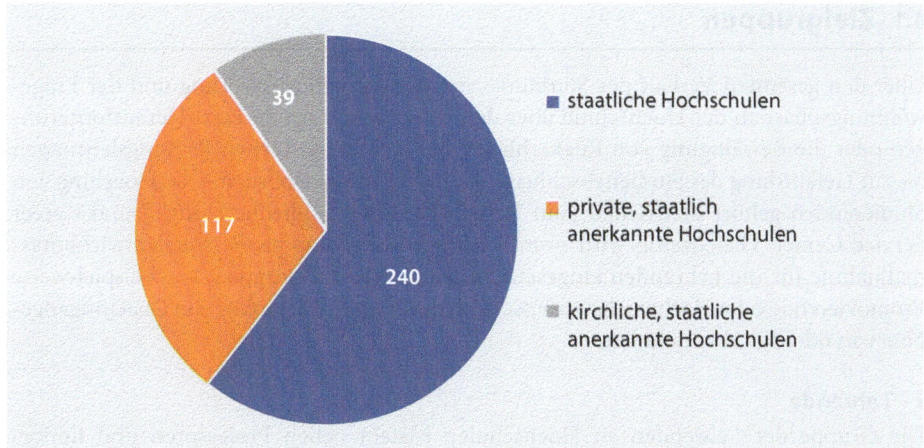

⬙ Abb. 4.1   Aufteilung der Hochschulen nach Trägerschaft (HRK Hochschulrektorenkonferenz 2018, S. 1)

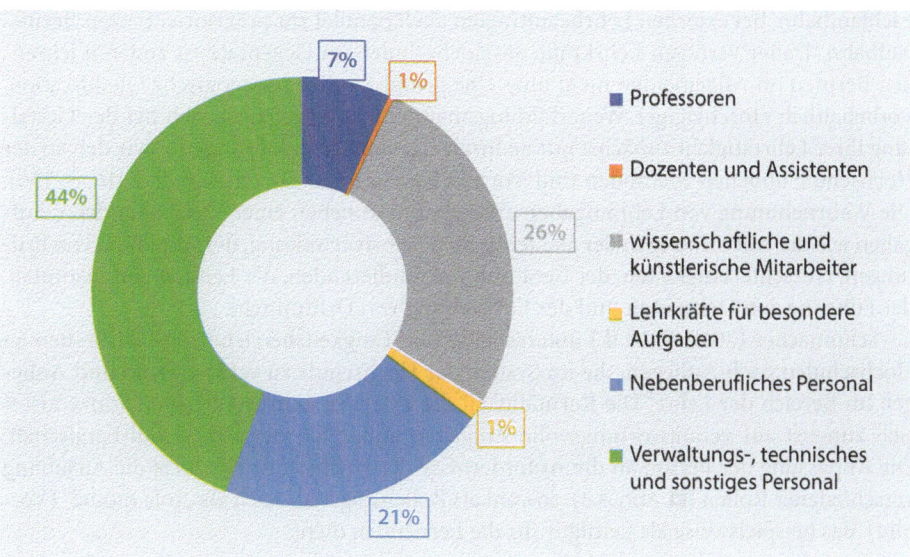

⬙ Abb. 4.2   Personalverteilung an Hochschulen (Statistisches Bundesamt 2016a)

Im Bereich des wissenschaftlichen und künstlerischen Personals ist jeder Fünfte nebenberuflich tätig. Dazu gehören beispielsweise Gastprofessoren, freiberufliche Lehrbeauftragte und Tutoren.

Im Rahmen der Hochschulbildung gehören Fernstudien zu den am stärksten wachsenden Sektoren des Bildungsmarktes. Fernstudiengänge werden sowohl von staatlichen Hochschulen als auch von staatlich anerkannten Hochschulen angeboten. Neben der Qualitätssicherung durch die Akkreditierung der Studiengänge spielen in diesem Segment die Themen Flexibilisierung des Lernens und die Besonderheiten der Erwachsenendidaktik im Hinblick auf die Zielgruppe der berufstätigen Studierenden eine besondere Rolle. Flexible Lernpläne, alternative Lernkonzepte und ein breites nationales und internationales Angebot von Prüfungsstandorten zeichnen diese Form des Studierens aus.

4

4.1 Zielgruppen

Über den gesamten Verlauf des Studiums: von der Studienorientierung und der Einge-wöhnungsphase in der Hochschule über den Umgang mit neuen Lern-Herausforderun-gen oder die Bewältigung von Rückschlägen bei nicht bestandenen Prüfungsleistungen bis zur Gefährdung des Studienabschlusses oder den Studienabbruch – das Coaching von Studierenden gehört inzwischen zum Repertoire vieler Studienberatungen und Career Service Center. Gleichzeitig wird immer häufiger Coaching als Personalentwicklungs-maßnahme für die Lehrenden eingesetzt. Auch andere Zielgruppen, wie beispielsweise Promovierende oder Nachwuchswissenschaftler, rücken in den Fokus von Coachingange-boten an oder für Hochschulen.

- **Lehrende**

Die Gruppe der Lehrenden an Hochschulen besteht neben Professoren und Junior-Professoren aus Dozenten, Assistenten, wissenschaftlichen oder künstlerischen Mitarbei-tern und sowohl internen als auch externen Lehrbeauftragten. In der Regel entwickelt sich die Lehrtätigkeit an Hochschulen als Nebentätigkeit aus einer wissenschaftlichen Fachlaufbahn, bei externen Lehrbeauftragten auch parallel zur praxisorientierten Berufs-laufbahn. Daher verfügen Lehrkräfte an Hochschulen im Gegensatz zu anderen lehren-den Berufen im Allgemeinen nicht über eine grundständige pädagogische Qualifikation. Vorbehaltlich einschlägiger Weiterbildungsmaßnahmen können sie sich bei der Gestal-tung ihrer Lehrtätigkeit zunächst nur an ihren eigenen Lernerfahrungen sowie den an der Hochschule üblichen Methoden und Vorgehensweisen orientieren (Linde 2016, S. 156). Die Wahrnehmung von Lehraufgaben erfolgt zumeist neben einer Vielzahl anderer Auf-gaben wie der Mitwirkung in der akademischen Selbstverwaltung, der Abnahme von Prü-fungen, Gutachtertätigkeiten, der Beratung von Studierenden, der Leitung von Instituten, der Führung von Dekanaten und der Einwerbung von Drittmitteln.

Schumacher (2012, S. 10 ff.) unterscheidet die Tätigkeitsbereiche von Lehrkräften an Hochschulen nach Anliegen, die im System der Hochschule zu verorten sind und Anlie-gen im Bereich der Lehre. Die Kerntätigkeit der externen Lehrbeauftragten konzentriert sich zumeist auf verantwortungsvolle Aufgaben außerhalb der Hochschul-Landschaft. Die Anpassung der Person an die Anforderisse der Hochschule erfordert die Ausübung verschiedener Rollen (◨ Abb. 4.3), sowohl als Rollenträger als auch als „role model" (Vor-bild), das beispielsweise als Leitfigur für die Lernenden dient.

◨ **Abb. 4.3**   Rollenvielfalt
Hochschullehrender
(Schumacher 2012, S. 9)

■ **Studierende**

Der Übergang von der Schule zur Hochschule markiert für viele Studierende einen bedeutenden biografischen Meilenstein. Häufig verbunden mit einem Auszug aus dem Elternhaus, starten junge Menschen in eine neue Lernumgebung, die ihnen im Gegensatz zu den bisherigen schulischen Lernerfahrungen eine deutlich selbstständigere Lern- und Lebensweise abfordert. Die unterschiedlichen Fakultäten der Hochschulen pflegen Kulturen, Arbeits- und Lebensstile, die zumindest in Ergänzung, wenn nicht sogar im Gegensatz zu den Erfahrungen der jungen Menschen stehen (■ Abb. 4.4). Ob Werte, Formulierungen oder Dresscode: alles, was bisher Gültigkeit hatte, wird auf den Prüfstand gestellt und neu bewertet.

Mit der neu gewonnenen Distanz reflektiert der Studierende seine Biografie und sein bisheriges Umfeld kritisch. Ihn beschäftigt die Frage, ob er sich erfolgreich dem neuen System Hochschule anpassen kann. Dies hängt auch von seiner Beurteilung der eigenen Ressourcen ab. Schätzt er diese realistisch ein? Sind sie ausreichend? Wird eine Krise als Entwicklungschance genutzt werden? (Iser und Thedorff 2016, S. 183 f.) Innerhalb der Gruppe der Studierenden lassen sich verschiedene Unterzielgruppen identifizieren, wie z. B. Studierende in besonderen familiären Situationen, Studierende mit Lehrfunktion (Tutoren) (Knauf 2006, S. 203 ff.), Lehramtsstudierende, international Studierende (Preuschoff und Wiemer 2016, S. 209 ff.; Wiemer 2012, S. 49 ff.) oder Promovierende. Zudem hat im Sommersemester 2016 jeder fünfte Studierende einen Migrationshintergrund. 79 % der Studierenden mit Migrationshintergrund sind in Deutschland geboren, 29 % in einem anderen Herkunftsland (Bundesministerium für Bildung und Forschung (BMBF) 2017, S. 32).

Die Settings reichen vom Einzelcoaching über Peer Coaching (Iser und Thedorff 2016, S. 181 ff.) bis hin zu Gruppencoaching, wobei diese den Studierenden im Hinblick auf die Anonymität vieler Hochschulen einen geschützten Raum des Zusammenkommens und der Vernetzung bieten können. Wiemer (2012, S. 55) betont den Beitrag von studienbegleitendem Coaching zur Steigerung der Leistungsfähigkeit der Studierenden und Optimierung ihrer Work-Life-Study-Balance durch die Ermöglichung von notwendigen Perspektivwechseln, Unterstützung bei der Einfindung in neue Rollen und Zusammenhänge und das Einüben einer wissenschaftlichen Haltung.

■ **Abb. 4.4** Einflussfaktoren auf Studienanfänger (eigene Darstellung) ©

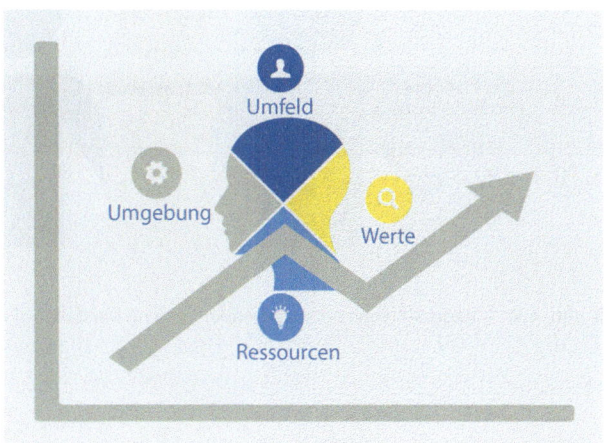

4

■ Fernstudierende

Den 2,8 Mio. Studierenden steht eine vergleichsweise kleine, aber mit durchschnittlich 7 % kontinuierlich wachsende, Gruppe von rund 160.000 Fernstudierenden an Fernuniversitäten, Fernfachhochschulen und Präsenzhochschulen mit Fernstudienangeboten gegenüber (Fogolin 2017, S. 40). Die Zielgruppen für Fernstudien unterteilen sich laut einer Untersuchung des Stifterverbandes in fünf Kategorien (■ Abb. 4.5):

Berufstätige ohne Hochschulabschluss, die ein Erststudium absolvieren wollen; Hochschulabsolventen, die ein Zweitstudium oder einen Zertifikatslehrgang absolvieren wollen; höher qualifizierte Arbeitssuchende, die eine Hochschulzugangsberechtigung haben und nach Qualifizierungsmaßnahmen suchen, die ihre Attraktivität am Arbeitsmarkt sichern oder erhöhen; Unternehmen, die ihre Mitarbeiter berufsbegleitend weiterqualifizieren wollen und Senioren (Frank et al. 2010, S. 65 f.).

Ein wesentlicher Unterschied zu Studierenden in Präsenzstudiengängen liegt in der Biografie der Teilnehmenden. Die Studierenden an Fernhochschulen sind selten unter 22 Jahren und mehrheitlich 27 bis 35 Jahre alt. Sie verfügen überwiegend über Erfahrung im Arbeitsleben und erleben sich in anderen Lebensbereichen als Bürger, Vorgesetzte, Eltern und Kunden. Mit dieser Erwartungshaltung starten sie auch in das Studium. Die Hochschule wird – unabhängig vom akademischen Anspruch und der Studien- und Prüfungsordnung – als Dienstleister wahrgenommen. Die Studierenden erwarten als zahlende Kunden eine wertschätzende und respektvolle Behandlung (Holm 2013, S. 118). Außerdem arbeiten Fernstudierende im Gegensatz zu Studierenden an Präsenzhochschulen per se selbstgesteuert, indem sie selbst festlegen, wann und welchen Lernstoff sie bearbeiten, wann sie eine Prüfung ablegen oder ein Präsenzseminar oder Webinar besuchen. Dazu benötigen sie Selbstdisziplin, Leistungsbereitschaft und Belastbarkeit (forsa Politik- und Sozialforschung GmbH 2013). In diesem Zusammenhang begegnen sie einer Vielzahl von Aufgabenstellungen, wobei aufgrund des höheren Alters der Fernstudierenden und der zumeist ganztägigen Berufsausübung neben dem Studium die lernstoffexternen Anforderungen, wie z. B. durch den beruflichen Alltag und familiäre Strukturen häufig stärker ins Gewicht fallen als bei Präsenzstudierenden.

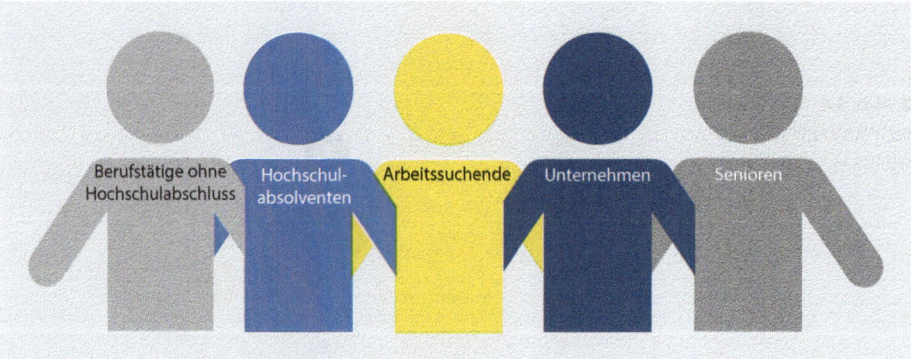

■ **Abb. 4.5**   Kategorien von Fernstudierenden (eigene Darstellung) ©

Anforderungen an Fernlernende

- *Lernstoffimmanente Anforderungen*: verstehen und erinnern, anwenden, transferieren
- *Lernstoffexterne Anforderungen im Alltag der Lernenden*: Beruf, Familie, Freunde, Ehrenamt ...
- *Eigene Grundbedürfnisse*: Erholung, emotionale Stabilität, Sozialkontakte (Huter 2012, S. 143)

■ **Weitere Zielgruppen**

Neben Lehrenden und Studierenden werden in der Praxis noch weitere Zielgruppen für Coaching im Hochschulbereich angesprochen (Klinkhammer 2014, S. 77):

- Nachwuchswissenschaftler, Promovierende und Habilitierende
- Führungskräfte
- Gleichstellungsbeauftragte und Diversity Manager
- Personal- und Organisationsentwickler
- Projektleitungen und Leitungen von Funktionsabteilungen
- Arbeitseinheiten, Abteilungen, Arbeitsgruppen und Projektteams
- Netzwerke, Verbündete, Institutionen
- Wissenschaftliches und administratives Personal
- Wissenschaftsmanager (Third Space)
- Personen in außerhochschulischen Forschungseinrichtungen, Ministerien, hochschul- und wissenschaftsnahen Einrichtungen

Der Aspekt der Anbahnung, Planung und Umsetzung von Lehr-Lernprozessen gemäß unserer Auslegung (▶ Abschn. 2.5) steht teilweise bei den vorgenannten Zielgruppen nicht im Fokus des Coachings. Während ein Coaching im Rahmen eines Onboarding-Prozesses für neuberufene Professoren eine Auswirkung auf die Qualität des Lehrprozesses erwarten lässt oder die Promotionsphase als Lernprozess verstanden werden kann, ist die Einordnung des Coachings von Wissenschaftlern als Bildungscoaching im Sinne einer trennscharfen Begriffsbestimmung zumindest diskussionswürdig.

4.2 Anlässe

Die Anlässe für Coaching von Lehrkräften an Hochschulen variieren im Verlauf der beruflichen Laufbahn und der Dauer der Zugehörigkeit zur Hochschule. Ein Juniorprofessor im ersten Jahr seiner Tätigkeit sieht sich anderen Herausforderungen gegenüber als die langjährige Dekanin einer Fakultät oder ein externer Lehrbeauftragter. Schumacher (2012, S. 10 ff.) trifft eine Unterscheidung der Anliegen von Lehrenden anhand einer chronologischen Unterteilung der Tätigkeitsbereiche in die Kategorien *System Hochschule* und *Lehre*. Anliegen im *System Hochschule* werden unter den Stichpunkten *Ankommen*, *Beteiligen*, *Führen und Gestalten* zusammengefasst.

4

Beispiel: Anliegen im System Hochschule

Ein neu berufener Professor, der aus einem Wirtschaftsunternehmen in die Hochschule wechselt, muss zunächst die Kultur und Strukturen sowie die Kollegen der Hochschule kennen lernen, sich positionieren und die Anforderungen erfassen (*Ankommen*). Danach entscheidet er, wie weit er sich am System beteiligt, mit wem er kooperiert und in welchen Gremien er sich engagiert (*Beteiligung*). In der Folge befasst er sich mit Fragen der Fachbereichs-, Instituts- oder Dekanatsleitung (*Führen*) und darüber hinaus mit der Gestaltung von Fachbereichen und der Organisationsentwicklung (*Gestalten*).

Die Schritte *Wissensvermittlung, Aktivierung, Kompetenzorientierung und Lernkulturwandel* charakterisieren die Chronologie im Bereich der *Lehre*.

Beispiel: Anliegen im System Lehre

Der neu berufene Professor beginnt den Lernstoff zu selektieren und aufzubereiten. Um sein Methodenrepertoire zu erweitern und der Dozentenrolle gerecht zu werden, setzt er seinen Schwerpunkt zunächst auf die Lehre. Er belegt hochschuldidaktische Fortbildungen und arbeitet an der Professionalisierung des eigenen Präsentations- und Vortragsverhaltens (*Wissensvermittlung*). In der nächsten Phase reift seine Erkenntnis, dass Erwachsene lernen, indem sie sich aktiv am Lernprozess beteiligen. Daher arbeitet er an der Integration und Aktivierung. Der dazu erforderliche Methodenwechsel führt bei Studierenden, die bisher an Frontalunterricht gewöhnt sind, zu Irritationen (*Aktivierung*). Im nächsten Schritt stellt er fest, dass aktuelle Forschungsergebnisse noch nicht in die Modulkonzeption eingeflossen sind und es sinnvoll wäre, das Modul inhaltlich zu verändern. Er analysiert die Gesamtheit des Moduls und stellt sich dabei die Frage, welche Ziele und Kompetenzen die Studierenden mit der Bearbeitung des Moduls erreichen sollen (*Kompetenzorientierung*). Dies kann schlussendlich zu einem weitergehenden Umbau der Konzeption des Studiengangs führen und in der Konsequenz den gesamten Fachbereich betreffen bis hin zu einem Kulturwandel in der Organisation (*Lernkulturwandel*).

Das bereits in ▶ Abschn. 3.3 ausführlich beschriebene Modell *Rolle-Person-Organisation* findet auch im Bereich der Hochschulen Anwendung. Die Vielfalt der *Rollen*, ob als Lehrender oder Lernender wirft Fragen rund um die individuelle Rollendefinition, -gestaltung und -durchsetzung auf.

Beispiel: Rollenvielfalt

Wissenschaftliche Mitarbeiter leiten ein Forschungsprojekt, während ihre Vorgesetzten sie bei ihrer Promotion betreuen.

Anlässe auf der Ebene der *Person* (Krankheit, Todesfall, Trennung), beruflich motivierte situative persönliche Veränderungen (Wechsel des Vorgesetzten oder Tätigkeitsbereichs) oder andere berufliche Faktoren (Mobbing, Stress) können sowohl erfahrene Professoren als auch Studienanfänger betreffen.

Zu den auf die *Organisation* bezogenen Anlässen zählen beispielsweise die Durchführung von Restrukturierungsmaßnahmen, der Umgang mit den Auswirkungen des nach einem Führungswechsel entstehenden Kulturwandels innerhalb einer Fakultät oder die Durchführung von Akkreditierungsmaßnahmen. Dazu gehört auch, dass sich die Hochschulen in einem permanenten Change-Prozess befinden und sich in einem von Diversity geprägten Umfeld zur lernenden Organisation entwickeln (Heuchemer 2017, S. 25).

Beispiel: Organisationsentwicklung an Hochschulen

Der Einsatz von e-Learning in der Hochschullehre eröffnet vielfältige neue Möglichkeiten der Wissensvermittlung. Zuvor sollte jedoch eine Vielzahl von strategischen, infrastrukturellen und organisatorischen Überlegungen und Entscheidungen getroffen werden. Die Hochschule muss sowohl über finanzielle als auch personelle Mittel verfügen, um ein Projekt dieser Tragweite umzusetzen. Dabei ergeben sich auch neue Herausforderungen und Fragestellungen: Wie sollte ein Gesamtkonzept aussehen? Welche E-Lehr-Kompetenzen werden benötigt? Welche Inhalte sollen vermittelt werden? Wie verändert sich die Hochschulkultur durch den Einsatz der neuen Medien? Und was bedeutet das für alle Beteiligten?

Anlässe resultieren auch aus den charakteristischen Merkmalen des Bildungsbetriebes wie zu langen oder zu kurzen Qualifizierungszeiten, hohen Abbruchquoten, Status- und Zukunftsunsicherheit, mangelnder Einbindung in Forschungszusammenhänge, Unklarheiten über Aufgaben- und Zuständigkeiten, Finanzierungsproblemen und der unsystematischen Professionalisierung der Akteure (Szczyrba 2011, S. 30; Wergen 2017, S. 234) Die Ausprägung der Anliegen kann dabei von Hochschule zu Hochschule unterschiedlich sein. So wird beispielsweise die These aufgestellt, dass Coaching-Anlässe je nach Organisationskultur der Hochschule und dem individuellen Umgang damit variieren (Symanski 2016, S. 92).

4.3 Ziele

Die Hochschulrektorenkonferenz (HRK) empfiehlt Coaching als Instrument zur „Verbesserung der individuellen Lehrkompetenz" (2008, S. 5). Die Verbesserung der didaktischen Kompetenzen ist jedoch nur ein Ziel von Bildungscoaching im Hochschulkontext. Schließlich werden Coachingziele von den Anliegen und der Persönlichkeit der unterschiedlichen Klienten bestimmt.

▪ Ziele von Lehrenden

Bei Weiterbildungen, die seitens der Hochschulen angeboten werden, steht zumeist die Hinführung zu einer Verbesserung und damit verbundenen Professionalisierung der Lehrqualität im Vordergrund, während Lehrende selbst demgegenüber Aspekte der Persönlichkeitsentwicklung betonen (◘ Abb. 4.6).

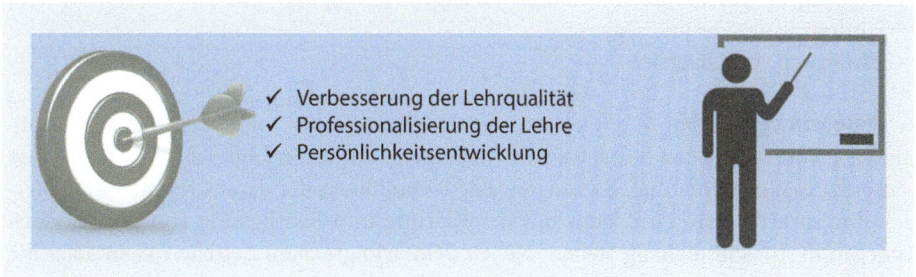

✓ Verbesserung der Lehrqualität
✓ Professionalisierung der Lehre
✓ Persönlichkeitsentwicklung

◘ **Abb. 4.6**   Ziele von Coaching an Hochschulen (eigene Darstellung) ©

4

Bei den von Hochschulen entwickelten Konzepten handelt es sich häufig um eine Kombination von Beratungsleistungen und Workshops. Coachings werden dazu ergänzend angeboten.

Beispiel: Programm „Gute Lehre"

Das Programm „Gute Lehre" (heute: „Professionelle Lehrkompetenz für die Hochschule", Anm. d. Verf.) formulierte die Programm- und Teilnehmerziele folgendermaßen (Wergen 2011, S. 20):

Programmziele

- Begleitung der Lehrenden bei Veränderungs- und Verbesserungswünschen zu ihrer Lehre
- Unterstützung bei der Bewältigung von Problemen und Herausforderungen bei der Lehre
- Entwicklung und Erreichung neuer Lehr- und Lernziele

Teilnehmerziele

- Sicheres Auftreten in der Rolle als Lehrender
- Verbesserung der Wahrnehmung der Kompetenz des Lehrenden durch die Studierenden
- Souveräner Umgang mit Verunsicherung durch Studierende oder äußere Bedingungen im Lehralltag
- Aktivierende Gestaltung der Lehre
- Kompetenter Auftritt als junge Lehrende

Das übergeordnete Ziel des Lehrenden-Coachingprogramms für Neuberufene an der TH Köln ist die Hinführung der neu berufenen Lehrenden zu einer *kompetenzorientierten Lehre und Leistungsbewertung*, insbesondere im Hinblick auf die Diversität der Studierendenschaft. Dazu gehört der Transfer vom individuellen zum organisationalen Lernen, um somit die Perspektive vom Einzelnen auf die Strukturen der Hochschule zu erweitern. Auf diese Weise rücken die Themen der Lehr-/Lernkultur und den damit verbundenen Qualitätsstandards schrittweise in den Fokus der neu berufenen Lehrenden. Das Konzept wird beispielhaft in ▶ Abschn. 4.6.1 dargestellt.

Weitere Ziele sind (Klinkhammer 2014, S. 77):
- Gestaltung von beruflichen Übergängen
- Begleitung von Projekten, Teams und Organisationen
- Entwicklung von Führungskompetenz
- Umgang mit persönlichen Herausforderungen
- Förderung der Gesundheit
- Förderung von Diversity

■ **Ziele von Lernenden**

Die Ziele von Lernenden beziehen sich vorwiegend auf die erfolgreiche Gestaltung von Lernprozessen mit dem Ziel, den angestrebten Abschluss oder daraus resultierende Meilensteine zu erreichen. Dies kann mit der Klärung und Bearbeitung von persönlichen Anliegen in Zusammenhang stehen. Neben dem erfolgreichen Bestehen kann auch die Vermeidung des Studienabbruchs ein Ziel sein (◘ Abb. 4.7).

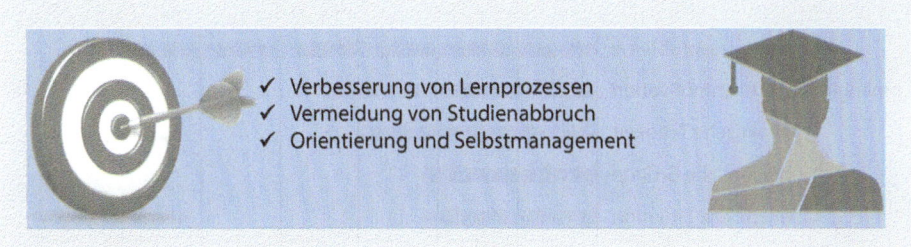

✓ Verbesserung von Lernprozessen
✓ Vermeidung von Studienabbruch
✓ Orientierung und Selbstmanagement

▣ **Abb. 4.7**   Ziele von Studierenden (eigene Darstellung) ©

Die Abbruchquoten im Studium, die mangels statistischer Daten auf Schätzverfahren basieren, variieren je nach Art des Studiums, Studienanbieter und Studienfach zwischen fünf Prozent bei Medizin bis über dreißig Prozent in den MINT-Fächern (Heublein und Wolter 2011, S. 217). Bei der Fernuniversität Hagen, dem mit Abstand größten Anbieter von Fernstudiengängen, wird die Quote um ein Vielfaches höher eingeschätzt (Holm 2013, S. 114). Studienabbruch hängt von vielen Faktoren ab: er ist das Resultat von persönlichen Studienvoraussetzungen, eigenem Arbeitsstil, Motivation, Verbindlichkeit und den Studienbedingungen.

Nach einer Studie des Deutschen Zentrums für Hochschul- und Wissenschaftsforschung scheitert fast jeder dritte Studienabbrecher an den hohen Anforderungen des Studiums bzw. den fehlenden fachlichen Voraussetzungen. An zweiter Stelle steht mangelnde Studienmotivation (17 %), die je nach Studienfach in der fehlenden Fach- und Berufsidentifikation zu suchen ist (▣ Abb. 4.8). Die Autoren der Studie führen dies auf eine unzureichende Informationsbeschaffung in der Phase der Studienorientierung seitens der Studienbewerber und daraus resultierenden unzutreffenden Studienerwartungen sowie auf das fehlende Angebot motivierender Identifikationsangebote und beruflicher Perspektiven seitens der Anbieter, zurück (Heublein et al. 2017, S. 265 f.). Elf Prozent der Studienabbrecher gaben persönliche Gründe für den Studienabbruch an, davon nannten acht Prozent Krankheit oder psychische Probleme als Begründung.

Die Autoren der Studie weisen darauf hin, dass Erkrankungen auch Ausdruck von Belastungssituationen im Studium sein können und sich vergleichsweise hohe Korrelationen zu Abbruchmotiven wie „familiäre Gründe", „finanzielle Engpässe" oder „fühlte mich dem Leistungsdruck nicht gewachsen" feststellen lassen (Heublein et al. 2017, S. 36).

Da ein Studienabbruch in der Regel aus einem länger andauernden Entscheidungsprozess unter Berücksichtigung vielfältiger Faktoren aus verschiedenen Lebensbereichen des Studierenden resultiert, bietet deren grundsätzliche Kenntnis, wie im Modell des Studienabbruchprozesses nach Heublein et al. visualisiert (▣ Abb. 4.9), dem Bildungscoach im Rahmen der Bildung von Vorannahmen und einer strukturierten Situationsbestimmung eine wertvolle Unterstützung.

Neben der erfolgreichen Gestaltung von Lernprozessen und der Vermeidung des Studienabbruchs werden als weitere Ziele genannt:

- Umgang mit Übergängen zwischen Schule und Studium, Studium und Beruf oder Bachelor und Masterstudium (Wiemer 2012, S. 51)
- Orientierung im System Hochschule, insbesondere für internationale Studierende (Preuschoff und Wiemer 2016, S. 211)

4

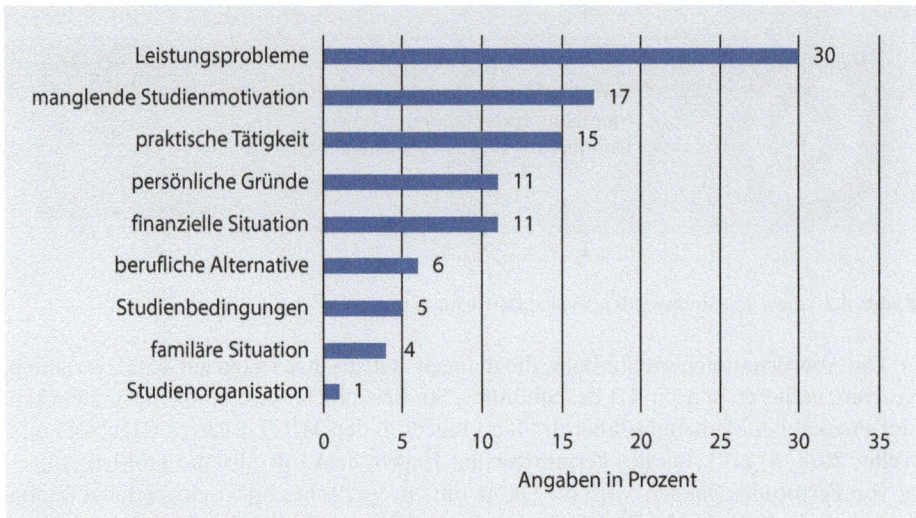

◻ **Abb. 4.8**   Ausschlaggebende Studienabbruchmotive 2014 (Heublein et al. 2017, S. 21)

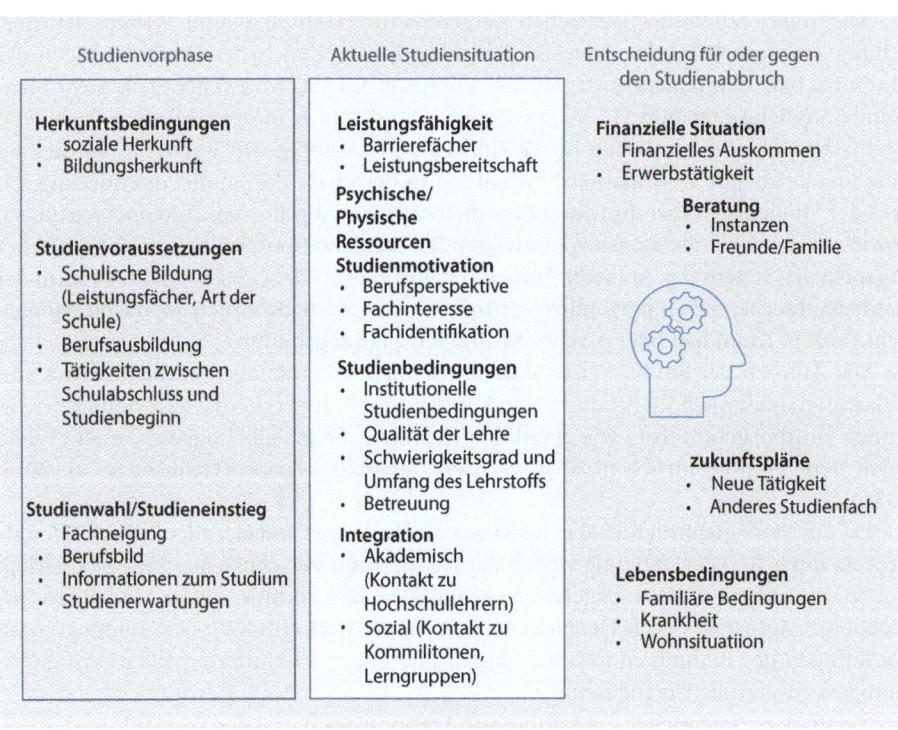

◻ **Abb. 4.9**   Modell des Studienabbruchprozesses (Heublein et al. 2017, S. 12)

━ Bewältigung von Lern- und Leistungsprobleme (Iser und Thedorff 2016, S. 181)
━ Verbesserung des Zeit- und Selbstmanagements (Wiemer 2012, S. 51)
━ Professionalisierung durch Reflektion für Studierende, die als Tutoren tätig sind (Gotzen 2008, S. 8 ff.)

4.4 Themen

Die Themenpalette im Coaching an Hochschulen ist breit gefächert. Grundsätzlich kann das Gros der in ▶ Abschn. 3.4 beschriebenen Themen aus dem Kontext Schule auf die Hochschule übertragen werden. Gegenstand von Coachings kann die Verbesserung der Lehr-/Lernqualität sein, aber auch in der Person des Coachees selbst begründet liegen. Dazu gehören beispielsweise der Umgang mit Konflikten oder Stress, die Bearbeitung von Leistungstiefs, Selbstmanagement und die Organisation der Work-Life-Balance. Weiterhin können Aspekte aus organisationalen Bereichen wie dem Umgang mit anspruchsvollen wissenschaftlichen Qualifikationsphasen, die eigene Verortung in der Organisation oder Führungsthemen zum Inhalt von Coachings werden.

4.4.1 Umgang mit Rollen

Lehrender, Wissenschaftler, Führungsperson, Manager, Förderer, Mentor oder Lernender, Mitarbeiter, Kunde und Mentee sind nur einige der Rollen, die Akteure an Hochschulen einnehmen. Dabei gilt es, die Rollenvielfalt situativ sinnvoll anzuwenden und gleichzeitig mit Rollenunsicherheiten, Widerständen oder Veränderungen von Rollen umzugehen.

Beispiel: Umgang mit Rollen
Frau R. ist nebenberuflich als externe Lehrbeauftragte einer Hochschule im Modul Public Relations tätig. Hauptberuflich leitet sie eine PR-Agentur. Die Arbeit mit den Studierenden macht ihr viel Freude. Sie nimmt sich viel Zeit für die Belange „ihrer Schützlinge" und organisiert Betriebsbesichtigungen und Workshops in Unternehmen. Über ihr berufliches Netzwerk vermittelt sie Praktika und Bachelorarbeiten. Mit den Studierenden pflegt sie einen freundschaftlichen Umgang auf Augenhöhe. Die Gruppe hat eine übersichtliche Größe, es wird sich geduzt. Manchmal schließt sich nach der Vorlesung noch ein spontanes Treffen in der Cafeteria an. Am Ende des Moduls legen die Studierende eine modulabschließende Prüfung in Form einer Bearbeitung einer Fallstudie in Kleingruppen ab. Bei den Präsentationen stellt Frau R. bei zwei Gruppen fest, dass die inhaltliche Qualität den definierten Anforderungen nicht entspricht. „Eigentlich" müsste sie die Leistung als ungenügend bewerten.

4.4.2 Professionalisierung und Lehrqualität

Lehrende an Hochschulen, ob es sich um Professoren, Lehrbeauftragte oder Tutoren handelt, verfügen in der Regel nicht über ein grundständiges pädagogisches Studium. Für die Lehre benötigte Kompetenzen werden informell oder durch Fortbildungen erworben. Durch Coaching kann zur Professionalisierung der Akteure an Hochschulen ein guter Beitrag geleistet werden. Ein Coachingkonzept für neuberufene Professoren unterstützt das Verständnis zur Konzeption von Studiengängen, Lehrinhalten und Vermittlungsmethoden und erleichtert das „Ankommen" im System der Hochschule (▶ Abschn. 4.6.1). Auch die begleitete Kooperation mit anderen Lehrenden kann zur Professionalisierung und Verbesserung der Lehrqualität beitragen (▶ Abschn. 4.6.2).

Beispiel: Jacobs University

Die Jacobs University ist eine private, englischsprachige Residential-University. Alle Bachelor-Studierenden wohnen gemeinsam auf dem Campus in einer internationalen Gemeinschaft. Ein Viertel der Studierenden sind Deutsche, 75 % der Studierenden kommt aus über 100 verschiedenen Ländern. In der Forschung und Lehre betreuen 70 Professoren 1.244 Studierende im Verhältnis 1:13. Im Rahmen der Personalentwicklung durchlaufen neue Professoren ein obligatorisches Onboarding-Programm und erhalten einen Mentor.

Darüber hinaus findet bei Bedarf ein individuelles Coaching durch ausgewählte Trainer in den Bereichen Didaktik, Kultursensibilität und Mitarbeiterführung statt. Dabei wird ein besonderer Schwerpunkt auf die Sensibilisierung der Lehrenden hinsichtlich ihrer Mitverantwortung für die Werte- und Persönlichkeitsentwicklung der Studierenden gelegt (Jacobs University Bremen 2017, S. 86).

4.4.3 Begleitung von Lernprozessen

Der Erwerb der Studierfähigkeit in der Studienvor- und Studieneingangsphase wird als wesentliche Voraussetzung für den Studienerfolg gesehen. Gemäß der aktuellen Forschungslage wird davon ausgegangen, dass der Erwerb der Studierfähigkeit ein komplexer dynamischer und mehrdimensionaler Bildungsprozess ist, der von individuellen, institutionellen und gesellschaftlichen Faktoren beeinflusst wird und aus den Wechselwirkungen und Interaktionen zwischen den heterogenen Eingangsvoraussetzungen, dem lebensweltlichen Kontext der Studierenden und den Anforderungen des institutionellen und kulturellen Kontexts entsteht (Merkt und Fredrich 2016, S. 178 f.). Zur Studierfähigkeit gehören sowohl fachliche und inhaltliche, also auch persönliche und soziale Kompetenzen, wie beispielsweise die Fähigkeit, sich selbst zu organisieren. Studierende haben im Verlauf ihrer Lernbiografie bereits eine persönliche Lernkompetenz entwickelt, d. h. sie verfügen grundsätzlich über Lernstrategien zur Aneignung und Wiedergabe von Wissen. Manchmal sind diese jedoch nicht ausreichend. Im Studium treffen sie auf bereits bekannte oder neue Lernhindernisse. Diese können neben dem Fehlen von Lernstrategien beispielsweise auch auf der Motivationsebene (Interessiert mich der Lernstoff? Verstehe ich die Wissenschaftssprache?), bei der Studienorganisation (Welche Handlungsspielräume habe ich und wie nutze ich sie?) oder im Bereich der Selbstwirksamkeitserwartung (Schaffe ich die Prüfung? Traue ich mich, vor einem breiteren Publikum zu referieren?) liegen.

■ Arbeitsschwierigkeiten und Lernstörungen

Arbeitsschwierigkeiten und Lernstörungen machen zunächst eine genaue Ursachenforschung erforderlich. Es kann sich dabei beispielsweise um persönliche Ursachen wie falschen Studienerwartungen und Motivationstiefs, das Fehlen von psychischen oder physischen Ressourcen, nicht gelungene soziale Integration, fehlende inhaltliche Studienvoraussetzungen oder Defizite im Selbst- und Zeitmanagement handeln. Andere Ursachen können in externen Faktoren wie veränderten familiären oder finanziellen Bedingungen, einer veränderten Wohnsituation, den Studienbedingungen oder der Qualität der Lehre liegen (Heublein et al. 2017, S. 12) (◘ Abb. 4.8).

Beispiel: Arbeitsschwierigkeiten und Lernstörungen

T. fiel das Lernen in der Schule schwer und ihre Abiturnote lag im unteren Drittel ihres Jahrgangs. Deshalb ist sie froh, im Losverfahren als Nachrückerin einen der begehrten Plätze für ihr Traumstudium erhalten zu haben. Schon im ersten Semester stellt sie fest, dass das Studium sie sehr fordert. Da ihre Eltern den Unterhalt nicht voll finanzieren können, jobbt sie nebenher bei einer Drogeriekette. Obgleich sie alle Aktivitäten neben Studium und Job reduziert hat, findet sie kein System, um den Lernstoff in Eigenleistung kontinuierlich nachzuarbeiten. Durch die Hochschule wird Gruppencoaching für Erstsemester angeboten. Hier lernt sie, Glaubenssätze aus der Schulzeit zu hinterfragen, sich selbst zu organisieren, Prioritäten zu setzen und Routinen für ihren Lernalltag zu entwickeln.

▪ Prokrastination

Auch bei Prokrastination ist zunächst eine Ursachenforschung erforderlich, denn das Aufschieben von anstehenden Aufgaben kann sowohl in fehlenden Lern- und Arbeitsstrategien als auch in ungelösten inneren Konflikten begründet sein.

Beispiele: Prokrastination

Während ihre Kommilitonen sich bereits für die Abschlussfeier vorbereiten, schiebt C. die Bearbeitung ihrer Bachelorarbeit immer weiter hinaus. Sie hat bereits einmal das Thema gewechselt, obwohl die Arbeit fast fertiggestellt war. Im Coaching stellt sich heraus, dass sie den Studienabschluss unbewusst verzögert, weil sie noch keine Idee für die Zeit nach dem Studium hat und sich den Übergang in die Praxis nicht zutraut.

N. studiert im ersten Semester auf Lehramt und soll nun seine erste Hausarbeit schreiben. Im Modul zum wissenschaftlichen Arbeiten in der Studieneingangsphase hat er gelernt, Literatur zu recherchieren und genießt das Stöbern und die konzentrierte Atmosphäre in der Universitätsbibliothek. Das Thema ist vorgegeben und er hat bereits zahlreiche passende Bücher und Zeitschriftenartikel entdeckt. Zudem recherchiert er online eine Vielzahl weiterer Quellen. Alles erscheint ihm bedeutend und relevant zu sein. Die erste Seite der Arbeit bleibt jedoch leer während der Abgabetermin naht.

▪ Prüfungsangst

Insbesondere wenn eine Prüfungssituation als Beurteilung der eigenen Person wahrgenommen wird, kann es zu Prüfungsängsten kommen. Diese stehen zumeist in Verbindung mit den Leistungsansprüchen, die von außen an den Prüfling herangetragen werden oder die die Person, unabhängig von anderen, an sich selbst stellt.

Beispiel: Prüfungsangst

G. hatte in der letzten mündlichen Prüfung einen totalen Blackout, so dass die Prüfung abgebrochen werden musste. Jetzt steht die Wiederholung an und er hat Angst, dass ihm das Gleiche noch einmal passiert. In der psychologischen Beratungsstelle seiner Hochschule bespricht er das Problem mit einem Studiencoach, der die Prüfungssituation mit ihm simuliert. Mithilfe eines Perspektivwechsels versetzt er sich in die Situation der Prüfenden und fühlt sich dadurch ermutigt, seine Ängste im Vorfeld der Prüfung offen anzusprechen, um von den Prüfenden die Erlaubnis einzuholen, sich gegebenenfalls bei einem erneuten Blackout in Ruhe sammeln zu können ohne die Weiterführung der Prüfung damit zu gefährden.

4.4.4 Führung

Im Rahmen der Entwicklung von Personalentwicklungsmaßnahmen an der Ludwig-Maximilian-Universität München wurden qualitative Interviews mit 24 Professorinnen und Professoren zum Bedarf der eigenen Weiterbildung sowie der Weiterbildung ihrer

4

Mitarbeiterinnen und Mitarbeiter durchgeführt. Die Ergebnisse der Befragung ergaben, dass sich die befragten Personen ihrer eigenen Rolle als Vorgesetzte und Vorbild nur in geringem Maße bewusst waren, während gleichzeitig der Entwicklung von Führungskompetenzen ein hoher Stellenwert eingeräumt wurde. Als Veranstaltungsformate wurden Einzelcoachings (62,5 %) vor Seminaren und Workshops (jeweils 12,5 %) gewünscht (Weisweiler et al. 2011, S. 331 f.).

Die explorative Untersuchung einer Befragung von Präsidentinnen und Rektoren deutscher Hochschulen zum Thema Führung in Hochschulen aus der Perspektive von Hochschulleitungen zeigt auf, dass sich die Führung an Hochschulen in einem Spannungsfeld zwischen der Autonomie der Hochschulmitglieder und der Strategiefähigkeit im Interesse der Gesamtorganisation bewegt. Intensive Kommunikation und Integration in Entscheidungsprozesse werden als notwendige Elemente adäquater Führung betrachtet. Daher dominieren partizipative Ansätze der Führung, die mit der Größe der Hochschule und der im Amt verbrachten Zeit zunehmen. Es werden jedoch auch andere Führungsstile eingesetzt: Je stärker etwas umgesetzt werden muss, desto häufiger wird ein autoritärer Führungsstil eingesetzt. Auch situative Führung findet hier Anwendung. Dabei kennzeichnet die Kombination von sozialen Kompetenzen und Kompetenzen mit Relevanz für strategisches Handeln und Entscheiden die Anforderungen an die Persönlichkeit von Führungspersonen, denn erfolgreiche Führung im Hochschulkontext ist sowohl von persönlicher Interaktion als auch durch die Gestaltung von organisationalen Strukturen gekennzeichnet (Püttmann 2013, S. 2).

Beispiel: Führung

Frau A. ist nach einem längeren Forschungsaufenthalt im Ausland nach Deutschland zurückgekehrt und hat die Leitung des Instituts für Kulturwissenschaften übernommen. Nun führt sie ein Team aus Professorinnen, Assistenten, Projektmitarbeiterinnen, externen Lehrbeauftragten und studentischen Mitarbeiterinnen. Dabei setzt sie auf einen kooperativen Führungsstil. Trotzdem gibt es immer wieder Auseinandersetzungen mit Kollegen, die ihre Entscheidungen nicht akzeptieren und ihr Netzwerk innerhalb der Hochschule nutzen, um eigene Projekte zulasten der Interessen des Institutes weiterzubringen. Sie möchte daher wissen, wie sie ihren Führungsstil im Hinblick auf den Umgang mit „schwierigen" Kollegen verändern kann, um ihre Ziele zu erreichen, aber gleichzeitig als Person authentisch zu bleiben.

4.4.5 Hochschulmanagement und Change

Die in ▶ Abschn. 3.4.5 beschriebenen Themen Umgang mit Change, Management und Mikropolitik finden ein Äquivalent im Bereich der Hochschulen.

■ **Umgang mit Change**

Mit Blick auf die rapide Transformation der Gesellschaft wandeln sich die Hochschulen ebenfalls, wenn auch nicht immer mit der gleichen Geschwindigkeit. Getrieben von der Digitalisierung, (gesellschafts-) politischen Entwicklungen, finanziellen Zwängen und gefüllten Hörsälen werden Prozesse der Veränderung und Erneuerung initiiert, sei es um Wettbewerbsvorteile zu generieren oder Bedrohungen abzuwehren. Die Durchlässigkeit des deutschen Bildungssystems im Hinblick auf die Studienberechtigung führt dazu, dass eine hohe Studiennachfrage bewältigt werden muss. Gleichzeitig müssen sowohl zusätzliche Studienangebote für beruflich Qualifizierte als auch duale Studiengänge konzipiert und organisiert werden, die neben wissenschaftlich-theoretischen Inhalten auch fachpraktische Bezüge enthalten (Gehrke et al. 2017, S. 93). Mit dem Bologna-Prozess geht die Zielstellung einher, dass der Bachelorabschluss berufsqualifizierend sein sollte. Die Verberuflichung der Hochschulbildung findet somit nicht nur in Fachhochschulen, sondern auch in Universitäten statt (Gehrke et al. 2017, S. 101) und wirkt sich auf das Curriculum der Studiengänge, die Vermittlungs- und Prüfungsmethoden wie auch auf das Anforderungsprofil und das Selbstverständnis der Akteure in den Hochschulen aus.

- **Mikropolitik**

Im Gegensatz zu früheren organisationalen Betrachtungen werden Prozesse in Organisationen von den Beteiligten nicht einfach akzeptiert, sondern im Hinblick auf die eigene Interessenlage kritisch analysiert und beeinflusst oder – bei Zuwiderlaufen der eigenen Interessen – abgewehrt. Es geht also in Organisationen nicht nur um die Sache, sondern um Interessendurchsetzung und die Sicherung von Handlungsspielräumen sowie die Verteidigung und den Ausbau von Machtstrukturen (Alt 2005, S. 297). Informelle Strukturen werden als ein Kernelement organisationaler Individualität betrachtet. Wer Prozesse in Organisationen verstehen und steuern möchte, sollte diese informelle Komponente im Blick behalten (Symanski 2016, S. 94). Dabei kann der Einsatz mikropolitischer Taktiken sowohl offen und authentisch als auch verdeckt und in Täuschungsabsicht erfolgen. Auch an Hochschulen gilt es, die Spielregeln zu kennen, um selbst handlungsfähig zu bleiben und die eigenen Ziele zu erreichen.

Beispiel: Mikropolitik

Herr N. hat sich als Projektkoordinator für das Projekt „Familiengerechte Hochschule" beworben, da es thematisch sehr gut zu seinem Forschungsvorhaben passt. Das Projektteam wurde bereits zusammengestellt. Er erhält die Stelle und startet motiviert mit der Bearbeitung der anstehenden Aufgaben, stellt jedoch fest, dass die Zuarbeit durch das Team schleppend verläuft. Mehr noch – einige Kollegen verhalten sich abweisend und wenig kooperativ. Der Präsentationstermin der ersten Ergebnisse vor der Hochschulleitung steht bereits fest, aber der Projektfortschritt liegt mangels Zuarbeit hinter dem Zeitplan zurück. Durch ein Mitglied des Projektteams erfährt er schließlich beim Mittagessen, dass er „einen strategischen Fehler" gemacht hat: in der Hochschule ist es üblich, bei zentralen Projekten in einem Kick-off-Meeting vorab neben den Teammitgliedern auch deren disziplinarisch Vorgesetzte zu informieren. Durch das Fehlen dieses Meilensteins fühlen sich die Vorgesetzten nicht einbezogen und blockieren die Zuarbeit der Teammitglieder durch andere Aufgabenstellungen.

4.4.6 Persönliche Themen

- **Identitätsentwicklung**

Dazu gehören beispielsweise Fragen der Studienorientierung, hinter denen sich auch Themen der Ablösung aus dem Elternhaus, dem Wunsch nach Selbstbestimmung und Ängste vor Trennung oder Ablehnung verbergen können.

4

Beispiel: Identitätsentwicklung

R. studiert er im zweiten Semester Jura in einer norddeutschen Großstadt. Seine Eltern führen eine gutgehende Kanzlei im Sauerland, die sie ihm gern in einigen Jahren übergeben möchten. Erste Prüfungsleistungen hat er mit mäßigem Erfolg absolviert, bei zwei Prüfungen ist eine Wiederholung im nächsten Semester unvermeidlich. Seit Beginn seines Studiums pendelt R. jedes Wochenende nach Hause, wo er viel Zeit mit seiner Freundin und seiner Clique verbringt. Meist reist er erst am Montagmorgen ab und ist spätestens am Donnerstag wieder zu Hause. Seine Eltern freuten sich zunächst über seine häufigen Besuche, wundern sich aber zunehmend darüber, dass er offensichtlich nur wenige Kurse belegt. Sie vermuten, dass er mehr Struktur bei der Studienplanung benötigt. Ein Studiencoach soll Unterstützung geben. Im Coaching vertraut R. dem Coach an, dass er im Studium keine Motivation entwickelt und lieber eine handwerkliche Ausbildung machen würde, aber seine Eltern, die auf eine akademische Karriere setzen, nicht enttäuschen möchte.

▪ Stress und Stressbewältigung

Beim Stress lösen äußere Reize eine innere Stressbewältigung aus, die zu spezifischen körperlichen Reaktionen führt. Reaktionen darauf sind Kampf oder Flucht („fight or flight") oder Einfrieren („freeze"). Das Erleben von Stress und der Umgang damit wird entscheidend davon beeinflusst, wie die Person eine Situation wahrnimmt und bewertet (Scherenberg und Buchwald 2016, S. 12 f.). Wenn eine Klausur beispielsweise Selektionsfunktion hat, wird sie anders wahrgenommen, als der erste Versuch der gleichen Klausur, die mehrfach wiederholt darf.

Beispiel: Stressbewältigung

B. ist in der letzten Phase ihres Studiums. Die langen Arbeitstage während des Praktikums bei einer Unternehmensberatung in einer anderen Stadt, der Umzug zurück an den Studienort und die Vorbereitung der letzten Prüfungen haben ihren Tribut gefordert. Sie schläft schlecht, ist morgens erschöpft und kann sich nicht mehr richtig konzentrieren. Sie grübelt häufig und befürchtet, den Herausforderungen des letzten Semesters und der anstehenden Abschlussarbeit nicht gewachsen zu sein. Ein Freund erzählt ihr von einem unverbindlichen Info-Webinar, das ein Studiencoach zum Thema Stress anbietet und das als Einstieg zu einem wöchentlich stattfindenden Gruppencoaching dient.

▪ Depressionen und Burn-out

Depressive Verstimmungen gehören zum Alltag jedes Menschen und sind oft vorübergehender Natur. Die Bewertung ist auch hier von der jeweiligen Person abhängig: Während manche Menschen depressive Verstimmungen als Teil des Lebens akzeptieren und manchmal auch davon gezielt profitieren können (beispielsweise um Skulpturen zu schaffen, ein Gedicht zu schreiben oder Musik zu komponieren), sind sie für andere Sinnbild einer persönlichen Krise, die einen hohen Leidensdruck schaffen und eine zügige Bearbeitung erfordern. Die Herausforderung für den Coach liegt dabei zunächst in der Diagnose der Befindlichkeit des Klienten. Bei leicht depressiven Episoden zeigt der Betroffene zwar Symptome einer Depression, ist aber noch in der Lage, den Alltag zu bewältigen. Bei mittelgradig depressiven Episoden werden die alltäglichen Aktivitäten nur unter beträchtlichen Schwierigkeiten aufrechterhalten, während bei schweren depressiven Episoden ein hohes Suizidrisiko bestehen kann. Der Coach sollte sich daher seiner fachlichen Grenzen bewusst sein und entsprechend handeln, wenn er feststellt, dass die Verstimmung über eine leichte Depression hinausgeht.

4.5 Anbieter und Finanzierung

Die Durchführung von Coaching für Personal an Hochschulen findet zumeist im Rahmen von Angeboten der Personalentwicklung oder im Rahmen von Maßnahmen zur Verbesserung der Qualität von Studium und Lehre statt. Die Finanzierung erfolgt dementsprechend aus Mitteln der Hochschule.

Beispiel: Hochschule Bremen

Die Hochschule Bremen bietet für Professoren und Professorinnen, fest angestellte wissenschaftliche Lehrende und Lehrkräfte für besondere Aufgaben ein kostenfreies Einzelcoaching von bis zu fünf Terminen mit jeweils 60 bis 90 Minuten Dauer an. Zielsetzung ist die individuelle Weiterentwicklung der Professionalität als Lehrende. Daher wird das Coaching ergänzend zu didaktischen Fortbildungsmaßnahmen angeboten. Themen sind beispielsweise die Erweiterung der Lehrrepertoires, Veränderungen in der Rollenanforderung, die Bewältigung schwieriger Situationen im Zusammenhang mit der Lehrtätigkeit oder der Umgang mit Belastungen und Konflikten (Hochschule Bremen Koordinierungsstelle für Weiterbildung 2018).

Für Studierende existieren seitens der Hochschulen Coachingangebote von Studienberatungen, Career Services oder anderen hochschulinternen Beratungseinrichtungen, wie beispielsweise psychotherapeutischen und psychosozialen Beratungsstellen. Auch Studentenwerke bieten entsprechende Angebote an (◘ Abb. 4.10).

Beispiel: Studentenwerk München

Das Studierendencoaching des Studentenwerks München bietet nach einem klärenden Erstgespräch sowohl Einzelsitzungen zu Themen wie Lerntechniken und Prüfungsvorbereitung, Zeit- und Prüfungsmanagement, Studienabschluss, Motivation, Orientierung und Entscheidungsfindung sowie Stressmanagement und Entspannung als auch diverse Kursangebote an (Studentenwerk München o. J.).

Studienabbrecher werden auch von der Agentur für Arbeit oder sonstigen Beratungseinrichtungen betreut.

Eine Befragung des Deutschen Zentrums für Hochschul- und Wissenschaftsforschung (Heublein et al. 2017, S. 243 ff.) zeigt, dass die Einrichtungen, die Coaching als Beratungsform für abbruchgefährdete Studierende und Studienabbrecher anbieten, diesem Format eine besondere Bedeutung beimessen. Die untersuchten Beratungseinrichtungen setzten Coaching im Vergleich zu anderen Beratungsformen zwar vergleichsweise selten ein. Wird es jedoch eingesetzt, bewerten beispielsweise Career Services und Studienberatungen den Einsatz überwiegend positiv (◘ Abb. 4.11).

Einzelcoachings für Studierende werden noch selten angeboten. Aus Budgetgründen handelt es sich häufig Gruppensettings oder Peer-Coachings. Es ist davon auszugehen,

4

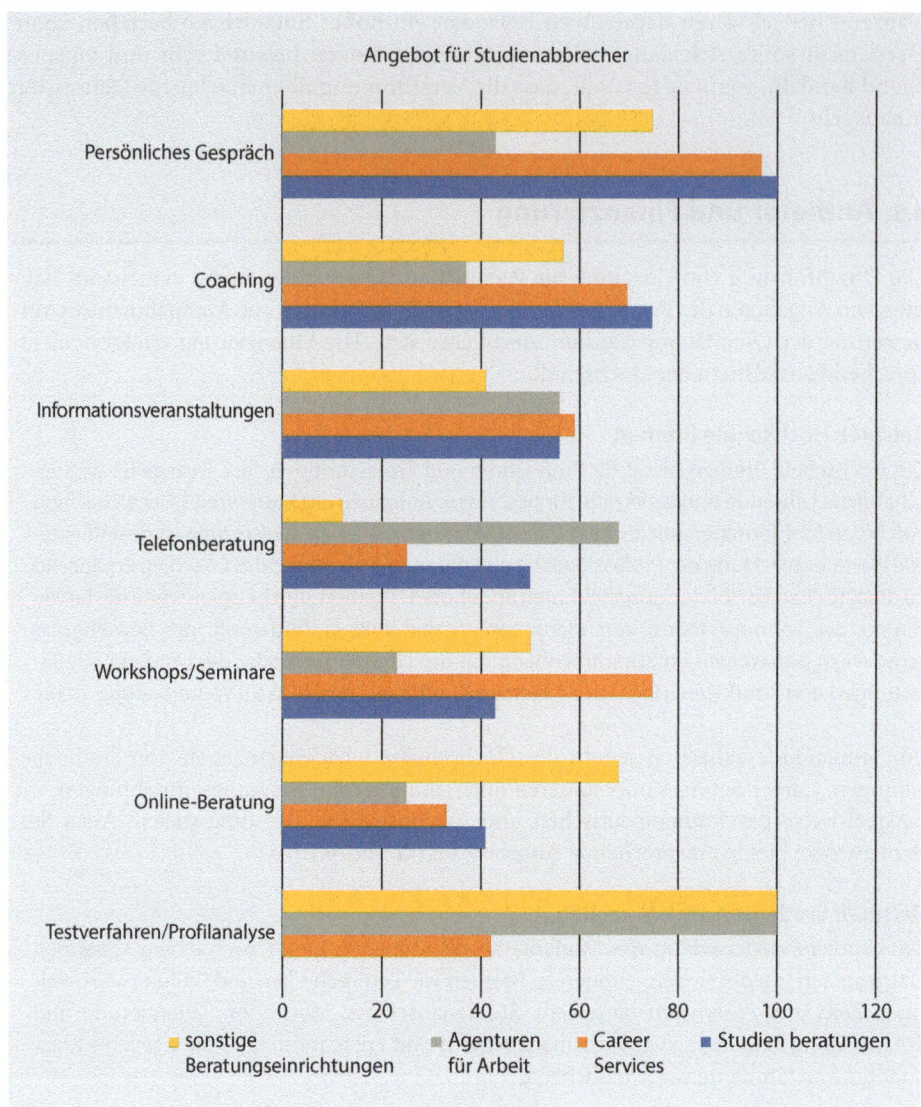

◨ Abb. 4.10   Beratungsangebote für abbruchgefährdete Studierende und Studienabbrecher nach Art der Beratungseinrichtung in Prozent (Heublein et al. 2017, S. 243)

dass das Angebot künftig durch digitale Angebote komplettiert werden wird. Je nach Zielgruppe und Anlass werden Beratungsangebote von den Hochschulen finanziert oder bezuschusst bzw. durch die Hochschulen angeboten und organisiert, aber durch die Studierenden finanziert. Verschiedene Mischformen und Finanzierungsmodelle sind dabei möglich.

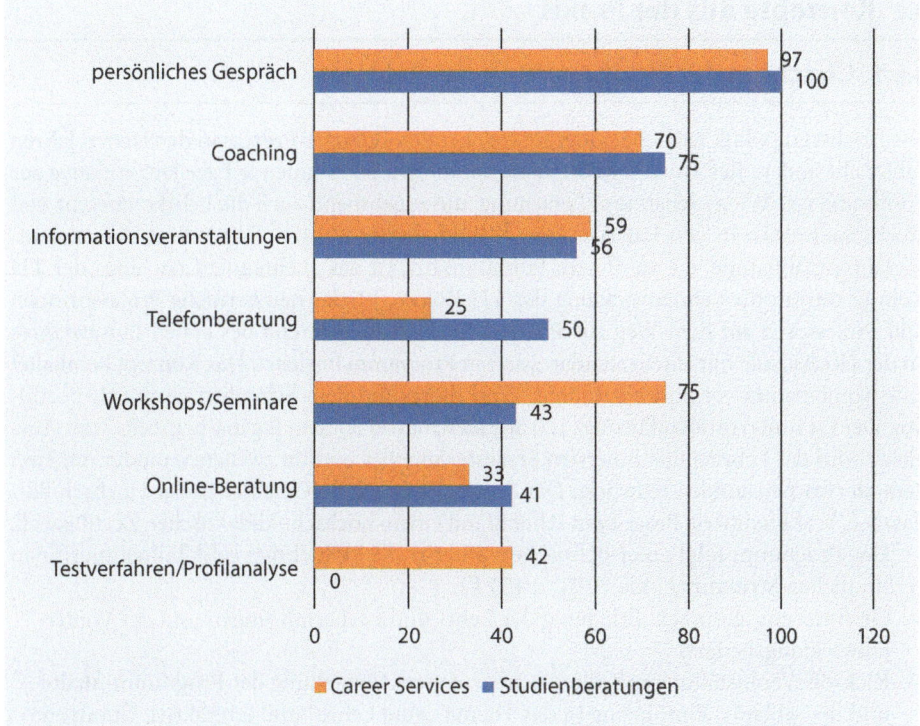

◘ Abb. 4.11 Bedeutung der Rolle von Coaching bei der Beratung von abbruchgefährdeten Studierenden und Studienabbrechern („spielt eine (eher) große Rolle") (Heublein et al. 2017, S. 243)

Beispiel: Leuphana Professional School

Die Leuphana Professional School bietet ein individuelles Coaching für berufsbegleitend Studierende in den Formaten Einzelcoaching (90 Minuten), Tandemcoaching (zwei
Coachees, drei Stunden) oder Gruppencoaching (bis zu sechs Coachees, ein Tag) an. Die
Studierenden gelangen über die Homepage zu einem Coachpool, aus dem sie sich einen passenden Coach auswählen können. Für Bachelor- und Masterstudierende ist die
erste Einzelsitzung kostenfrei. Durch Zusammenschluss mit anderen Studierenden im
Tandem- oder Gruppencoaching können die Zeitguthaben kombiniert werden, so dass
beispielsweise bei einem Gruppencoaching von sechs Personen neun Coachingstun-
den inkludiert sind. Jede weitere Sitzung kostet 300 Euro (Leuphana Universität Lüneburg 2018).

Darüber hinaus gibt es eine Vielzahl von externen Angeboten: über Verbände (z. B. Deutscher Hochschulverband); Netzwerke („Netzwerk Wissenschaftscoaching" 2018) oder
private Anbieter, die von den Coachees selbst finanziert werden.

4

4.6 Konzepte aus der Praxis

4.6.1 Coaching für Neuberufene der TH Köln

Die Hochschulpolitik hat neben dem weitreichenden Bologna-Prozess in den letzten Jahren zahlreiche andere Reformen initiiert, darunter die seit 2005 laufende Exzellenzinitiative zur Förderung von Wissenschaft und Forschung, die zunehmend auch die Lehrkompetenz von Hochschullehrern in den Fokus nimmt (Klinkhammer 2014, S. 74 f.). Eine Personalentwicklungsmaßnahme, die an diesem Punkt ansetzt, ist das „LehrendenCoaching" der TH Köln (Zentrum für Lehrentwicklung der TH Köln o. J.), das neu berufene Professorinnen und Professoren auf dem Weg zur Professionalisierung während des ersten Einsatzjahres an der Hochschule mit einem standardisierten Programm begleitet. Das Konzept beinhaltet eine Kombination von Einzelcoaching, Workshops und dem Schreiben eines Lehrportfolios. Der Gesamt-Workload beträgt 120 Stunden, davon 50 % in Eigenarbeitszeit. Zum Ausgleich wird das Lehrdeputat im ersten Semester um vier und im zweiten Semester um zwei Semesterwochenstunden reduziert. Das durch die Deutsche Gesellschaft für Hochschuldidaktik e. V. akkreditierte Programm schließt mit einem hochschuldidaktischen Zertifikat ab.

Das Programm folgt einer definierten und für die Teilnehmer und Teilnehmerinnen verbindlichen Struktur (Linde 2016, S. 159 f.):

- Orientierungsgespräch: Erhebung der Lehr- und Lernerfahrungen und des Weiterentwicklungsbedarfs
- Kick-off-Veranstaltung mit allen Neuberufenen: Vorstellung der Programminhalte und des -ablaufs, Einführung in das Thema „gute Lehre" und interaktive Übungen.
- Dreitägiger Grundlagen-Workshop zu den Themen Lehren, Lernen Beraten, Feedback und Prüfen: Vermittlung von theoretischem Hintergrundwissen und Transfer auf den Lehralltag der TeilnehmerInnen.
- Eine Lehrportfolio-Werkstatt zum gemeinsamen Arbeiten an den Lehrportfolios
- Zwei weitere Workshops aus dem hochschuldidaktischen Weiterbildungsprogramm oder dem Programm des Netzwerks hdw nrw (Hochschuldidaktische Weiterbildung Nordrhein-Westfalen)
- Einzelcoachings und Peer-Coachings mit kollegialen Hospitationen
- Selbstevaluationen und Lehrentwicklungseinschätzungen in Form von eines persönlichen Lehrportfolios zur Dokumentation der Erfahrungen, Erkenntnisse und Fortschritte

Ziele des Programms sind die Verbesserung der Qualität der Lehre und die Entwicklung der individuellen Kompetenzen der Hochschullehrenden unter Berücksichtigung der Diversität an der TH Köln.

4.6.2 Multiplikatoren-Programm der LMU

Die Ludwig-Maximilians-Universität München (LMU) hat im Jahr 2012 ein Programm entwickelt, in dem sich Lehrende im Tandem oder Team über die Dauer von zwei Semestern an ihren Fakultäten für gute Lehre engagieren und damit als Multiplikatoren zu Vorreitern und Ansprechpartnern für ihre Kollegen werden sollen. Seit der Gründung wurden insgesamt fast 300 Lehrende aus 18 Fakultäten ausgebildet (LMU Center for Leadership and People Management 2018). Das Tandem besteht aus einem Professor und einem Vertreter des akademischen Mittelbaus, beispielsweise einem Doktoranden oder

Postdoktoranden. Neben dem Erwerb von Basiswissen zu den Themenschwerpunkten „Lehre" und „Führen und Begeistern", arbeitet das Team an selbstgewählten, bedarfsorientierten Projekten in der eigenen Fakultät.

Die Projekte sind aufgrund der unterschiedlichen Bedarfe der Fakultäten sehr vielfältig und entstammen diversen Themengebieten:

- Verbesserung der Lehrevaluation
- Förderung der Lehrkompetenz
- Konzeption von Veranstaltungen
- neue didaktische Methoden
- Kooperation zwischen Lehrenden
- Curriculumsentwicklung
- Prüfungen

Begleitend erfolgen ein interdisziplinärer Austausch und die fakultätsübergreifende Vernetzung und kollegiale Beratung mit anderen Multiplikatoren.

Die Weiterbildung umfasst sowohl programmspezifische Workshops und Basisseminare als auch eine bevorzugte Teilnahme am Weiterbildungsangebot des LMU Center for Leadership and People Management, der Forschungs-, Trainings- und Beratungseinrichtung an der LMU. Individuell und situativ angepasst an den Bedarf der Projektteilnehmer schließt das Angebot neben Workshops und Seminaren auch Coachings als Einzel- oder Teamcoaching ein. Themen, die in Einzel- und Gruppencoachings behandelt werden, sind beispielsweise Zeit- und Selbstmanagement, Motivation, Projektplanung sowie die persönliche Weiterentwicklung (Kuonath et al. 2016, S. 102 f.).

- **Qualitätssicherung und Evaluation**

Das Programm wurde im Zeitraum von Juli 2013 bis Mai 2014 evaluiert (Kuonath et al. 2016, S. 103). Dabei wurde zwischen proximalen und distalen Erfolgsindikatoren unterschieden. Proximale Erfolgsindikatoren zielen auf die Zufriedenheit im direkten Anschluss des Programms, während sich distale Erfolgsindikatoren auf eine längere Zeitspanne nach dem Abschluss des Programms beziehen. Die Ergebnisse zeigen, dass die Teilnehmer im Anschluss an das Programm zunächst sehr zufrieden sind. Dabei existieren keine signifikanten Unterschiede zwischen Teilnehmern, die sich einzeln oder in der Gruppe coachen ließen gegenüber Teilnehmern in Workshops. Auch die Wiederempfehlungsrate ist sehr hoch, wobei das Coaching-Angebot marginal besser bewertet wird als das Workshop-Angebot. Mit zeitlichem Abstand schätzen die Befragten, die zunächst sehr zufrieden mit dem Programm gewesen waren, ihre Zufriedenheit mit den eigenen Projekterfolgen geringer ein. Die Autoren der Untersuchung stellen die These auf, dass durch die Fortbildung, und zwar sowohl im Einzelcoaching als auch in Gruppenformaten wie Gruppencoaching, Workshops oder Gruppendiskussionen, mit einer Problemsensibilisierung einhergeht, die zu kritischeren subjektiven Erfolgseinschätzungen führt (Kuonath et al. 2016, S. 104 ff.).

4.6.3 Teilstandardisiertes Coaching für Studierende durch Peer-Coaches

Vor dem Hintergrund der ökonomischen Beschränkungen an Hochschulen hat die Universität der Bundeswehr über vier Jahre ein teilstandardisiertes Coaching für Studierende durchgeführt, bei dem die Betreuung des Coachees im Rahmen von Gruppencoachings

4

durch studentische Peer-Coaches erfolgt. Im Hinblick darauf, dass die Studierenden an der Universität der Bundeswehr auch als militärisches Personal tätig sind, zielt das Coaching auf die Verbesserung der individuellen Fähigkeiten der Einzelnen, mit den spezifischen, aus dieser besonderen Konstellation resultierenden, Anforderungen umzugehen (Ebner et al. 2017, S. 7). Dabei sollen studienrelevante Kompetenzen aufgebaut, negativen Stressverarbeitungsmechanismen entgegen gewirkt und das eigene Selbstmanagement und die Selbstwirksamkeitserwartung der Studierenden gestärkt werden (Ebner 2016, S. 200). Das Coaching enthält vier Sitzungen mit einer Länge von 2–3 Stunden, die in einem zeitlichen Abstand von 2–3 Wochen durchgeführt werden und zwischen den Sitzungen mit Hausaufgaben versehen sind (Ebner et al. 2017, S. 7). Es wird teilstandardisiert durchgeführt, d. h. es existiert ein Coaching-Manual mit didaktischen Hinweisen, das durch die Peer-Coaches an den konkreten Bedarf der Coachees angepasst werden kann. Im Manual enthalten sind Übungen zum Selbstmonitoring, Bestandsaufnahmen, Perspektivwechsel, angeleitete Reflektionen, Selbstaffirmation und Kompetenzenbilanzen (Ebner 2016, S. 202).

Die Peer-Coaches werden durch Supervisoren ausgebildet und supervidiert. Schwerpunkte der Ausbildung sind die Kompetenzorientierte Laufbahnberatung, systemische Interventionstechniken und Prozessmoderation auf der Basis eines humanistisch-wachstumsorientierten Menschenbildes (Ebner 2016, S. 202). Vorteile des Einsatzes von studentischen Peer-Coaches im Gegensatz zum Einsatz von professionellen Coaches werden in einer erhöhten Selbstöffnungsbereitschaft der Coachees sowie Zeit- und Kosteneffizienz gesehen (Ebner 2016, S. 204).

■ **Evaluation**

Bei der Auswertung der Ergebnisse wurde sowohl eine signifikante Veränderung der Selbstmanagementfähigkeiten als auch eine Zunahme internaler Erfolgsattributionen festgestellt, welche unter anderem auf den Einsatz von Methoden zur Förderung der Selbstreflexion zurückgeführt werden (Ebner 2016, S. 203). Im Hinblick auf die Frage, ob das Coaching zu einer Verbesserung der Stressbewältigungskompetenzen beitragen kann, wurden die Bewältigungsstrategien Situationskontrolle, Soziale Unterstützung, Grübeln und Vermeiden untersucht. Dabei wurde festgestellt, dass Coaching die Selbstwirksamkeitserwartung und das Selbstmanagement positiv beeinflusst. Dies korreliert positiv mit den Bewältigungsstrategien Situationskontrolle und Soziale Unterstützung und negativ mit den Bewältigungsstrategien Grübeln und Vermeiden, so dass zusammenfassend konstatiert wird, dass das Coaching zu Verbesserung von Stressbewältigungskompetenzen beiträgt (Ebner et al. 2017, S. 5 ff.).

Literatur

Alt, R. (2005). Mikropolitik. In E. Weik & R. Lang (Hrsg.), *Moderne Organisationstheorien. 1: Handlungsorientierte Ansätze* (2., überarb. Aufl., S. 295–328). Wiesbaden: Gabler.

Bundesministerium für Bildung und Forschung (BMBF). (2017). *Die wirtschaftliche und soziale Lage der Studierenden in Deutschland 2016–21. Sozialerhebung des deutschen Studentenwerks durchgeführt vom Deutschen Zentrum für Hochschul- und Wissenschaftsforschung.* Bonn/Berlin. https://www.studentenwerke.de/sites/default/files/se21_hauptbericht.pdf. Zugegriffen am 21.04.2018.

Ebner, K. (2016). Standardisiertes Coaching für Nachwuchswissenschaftler und Studierende – Konzeptions- und Implementierungshinweise für Peer-Coachings. In R. Wegener, M. Loebbert & A. Fritze (Hrsg.), *Zur Differenzierung von Handlungsfeldern im Coaching: die Etablierung neuer Praxisfelder* (S. 199–210). Wiesbaden: Springer.

Ebner, K., Schulte, E.-M., Soucek, R., & Kauffeld, S. (2017). Coaching as stress-management intervention: The mediating role of self-efficacy in a framework of self-management and coping. *International Journal of Stress Management*. (Advance online publication). https://doi.org/10.1037/str0000058.

Fogolin, A. (2017). *Fachbeiträge im Internet: Strukturdaten Distance Learning/Distance Education 2017*. Bonn: Bundesinstitut für Berufsbildung. https://www.bibb.de/dokumente/pdf/599fd3ec66dcf_fbi-19_barrierefrei.pdf. Zugegriffen am 04.07.2018.

forsa Politik- und Sozialforschung GmbH. (2013). *Fernstudieren parallel zum Beruf – Bedeutung und Akzeptanz bei Personalentscheidern in mittleren und größeren Unternehmen*. https://www.euro-fh.de/index.php/download_file/view/1165/520/. Zugegriffen am 20.06.2018.

Frank, A., Hieronimus, S., Kilius, N., & Meyer-Guckel, V. (2010). *Rolle und Zukunft privater Hochschulen in Deutschland: eine Studie in Kooperation mit McKinsey & Company*. Essen: Stifterverband für die Dt. Wissenschaft.

Gehrke, B., John, K., Kerst, C., Wieck, M., Sanders, S., & Winkelmann, G. (2017). *Bildung und Qualifikation als Grundlage der technologischen Leistungsfähigkeit Deutschlands* (Studien zum deutschen Innovationssystem No. 1–2017). Berlin: Expertenkommission Forschung und Innovation (EFI). https://www.e-fi.de/fileadmin/Innovationsstudien_2017/StuDIS_01_2017.pdf. Zugegriffen am 27.06.2018.

Gotzen, S. (2008). Reflektieren lernen – Hochschuldidaktische Praxisbegleitung von Tutor/Inn/en. *Journal Hochschuldidaktik, 19*(2) (September 2008). https://eldorado.tu-dortmund.de/bitstream/2003/26914/1/Journal_HD_2008_2.pdf#page=8. Zugegriffen am 21.06.2018.

Heublein, U., & Wolter, A. (2011). Studienabbruch in Deutschland. Definition, Häufigkeit, Ursachen, Maßnahmen. *Zeitschrift für Pädagogik, 57*, 214–236.

Heublein, U., Ebert, J., Hutzsch, C., Isleib, S., König, R., Richter, J., & Woisch, A. (2017). *Zwischen Studienerwartungen und Studienwirklichkeit: Ursachen des Studienabbruchs, beruflicher Verbleib der Studienabbrecherinnen und Studienabbrecher und Entwicklung der Studienabbruchquote an deutschen Hochschulen* (Forum Hochschule No. 1/2017). Hannover: DZHW, Deutsches Zentrum für Hochschul- und Wissenschaftsforschung.

Heuchemer, S. (2017). Diversity Management als Voraussetzung für eine zukunftsfähige Hochschulbildung. In B. Szczyrba, T. van Treeck, B. Wildt & J. Wildt (Hrsg.), *Coaching (in) Diversity an Hochschulen: Hintergründe-Ziele-Anlässe-Verfahren* (S. 19–27). Wiesbaden: Springer Fachmedien.

Hochschule Bremen Koordinierungsstelle für Weiterbildung. (2018). Einzel-Coaching für Lehrende der Hochschule Bremen im Sommersemester 2018. *Hochschule Bremen*. https://www.hs-bremen.de/internet/de/weiterbildung/koowb/DidaktikLehre/index.html?id=9901523&typ=detail. Zugegriffen am 15.07.2018.

Holm, J.-M. (2013). Fernstudium und lebenslanges Lernen. In A. Papmehl & H. J. Tümmers (Hrsg.), *Die Arbeitswelt im 21. Jahrhundert: Herausforderungen, Perspektiven, Lösungsansätze* (S. 107–124). Wiesbaden: Springer Fachmedien. https://doi.org/10.1007/978-3-658-01416-2_8.

HRK Hochschulrektorenkonferenz. (2008). Für eine Reform der Lehre in den Hochschulen. Gehalten auf der 3. Hochschulrektorenkonferenz-Mitgliederversammlung am 22.04.2008. http://www.akkreditierungsrat.de/fileadmin/Seiteninhalte/HRK/HRK_2008_Reform_in_der_Lehre.pdf. Zugegriffen am 21.06.2017.

HRK Hochschulrektorenkonferenz. (2018). *Hochschulrektorenkonferenz: Hochschulen in Zahlen 2018*. https://www.hrk.de/fileadmin/redaktion/hrk/02-Dokumente/02-06-Hochschulsystem/Statistik/2018-05-17_Final_fuer_Homepage_2018.pdf. Zugegriffen am 18.06.2018.

Huter, K. (2012). Kompetenzentwicklung und Lernberatung in der Praxis eines Fernlehrinstituts. In A. Fogolin & Bundesinstitut für Berufsbildung (Hrsg.), *Bildungsberatung im Fernlernen: Beiträge aus Wissenschaft und Praxis* (S. 141–150). Bertelsmann: Bielefeld.

Iser, A., & Thedorff, P. (2016). Peer-Coaching als Beratungsformat von Studierenden für Studierende. In E. Hebecker, B. Szczyrba & B. Wildt (Hrsg.), *Beratung im Feld der Hochschule* (S. 181–192). Wiesbaden: Springer Fachmedien. https://doi.org/10.1007/978-3-658-07910-9_15.

Jacobs University Bremen. (2017). *Selbstbericht zur Systemakkreditierung September 2017*. Bremen: Jacobs University Bremen.

Klinkhammer, M. (2014). Coaching für Wissenschaftler/innen. In R. Wegener, M. Loebbert & A. Fritze (Hrsg.), *Coaching Praxisfelder: Forschung und Praxis im Dialog* (S. 73–93). Wiesbaden: Springer.

Knauf, H. (2006). Vom Frosch zum Adler. Wie Tutorinnen und Tutoren ihre Arbeit durch Coaching verbessern können. In J. Wildt, B. Szczyrba & B. Wildt (Hrsg.), *Consulting, Coaching, Supervision. Eine Einführung in Formate und Verfahren hochschuldidaktischer Beratung* (S. 203–214). Bielefeld: WBV.

Kuonath, A., Kaminski, S., Weisweiler, S., & Frey, D. (2016). Für Lehre begeistern. Kompetent lehren. Ein Beratungsangebot mit Coaching-Elementen im Rahmen des Multiplikator/innen-Projekts Lehre@LMU an der Ludwig-Maximilians-Universität München. In R. Wegener, S. Deplazes, M. Hasenbein, H. Künzli, A. Ryter & B. Uebelhart (Hrsg.), *Coaching als individuelle Antwort auf gesellschaftliche Entwicklungen* (S. 99–110). Wiesbaden: Springer.

Leuphana Universität Lüneburg. (2018, Juli 5). Individuelles Coaching an der Professional School. *Leuphana Universität Lüneburg.* https://www.leuphana.de/professional-school/berufsbegleitende-weiterbildung/coaching/coaches.html. Zugegriffen am 14.08.2018.

Linde, F. (2016). Coaching für Neuberufene. Unterstützung für Exzellenz in der Lehre?! In E. Hebecker, B. Szczyrba & B. Wildt (Hrsg.), *Beratung im Feld der Hochschule: Formate – Konzepte – Strategien – Standards* (S. 155–162). Wiesbaden: Springer.

LMU Center for Leadership and People Management. (2018). Multiplikatoren-Projekt (Lehre@LMU). https://www.multiplikatoren-projekt.peoplemanagement.uni-muenchen.de/index.html. Zugegriffen am 04.07.2018.

Merkt, M., & Fredrich, H. (2016). Teil C Studierfähigkeit – Der Blick aus dem Magdeburger Schwesterprojekt: Studierfähigkeit in Weiterbildungsstudiengängen. In I. van den Berk, K. Petersen, K. Schultes & K. Stolz (Hrsg.), *Studierfähigkeit : theoretische Erkenntnisse, empirische Befunde und praktische Perspektiven.* Hamburg: Universität Hamburg, Universitätskolleg. https://www.universitaetskolleg.uni-hamburg.de/publikationen/uk-schriften-015.pdf. Zugegriffen am 04.07.2018.

Netzwerk Wissenschaftscoaching. (2018). *Netzwerk Wissenschaftscoaching|Coaching, Beratung und Weiterbildung in Wissenschaft und Wirtschaft.* http://www.wissenschaftscoaching.de/. Zugegriffen am 04.07.2018.

Preuschoff, S., & Wiemer, M. (2016). Kultursensitives Coaching internationaler Studierender an deutschen Hochschulen – Grenzen und Möglichkeiten einer intensiven Betreuung. In E. Hebecker, B. Szczyrba & B. Wildt (Hrsg.), *Beratung im Feld der Hochschule* (S. 209–218). Wiesbaden: Springer Fachmedien. https://doi.org/10.1007/978-3-658-07910-9_17.

Püttmann, V. (2013). *Führung in Hochschulen aus der Perspektive von Hochschulleitungen; Eine explorative Untersuchung einer Befragung von Präsident(inn)en und Rektor(inn)en deutscher Hochschulen.* Gütersloh: Centrum für Hochschulentwicklung gGmbH. http://nbn-resolving.de/urn:nbn:de:101:1-2014010818672. Zugegriffen am 22.06.2018.

Scherenberg, V., & Buchwald, P. (2016). *Stressmanagement im Fernstudium: ein Praxisratgeber für nebenberuflich Aktive.* Wiesbaden: Springer Gabler.

Schumacher, E.-M. (2012). Coaching- und Beratungsanliegen von Hochschullehrenden. *Organisationsberatung, Supervision, Coaching, 19*(1), 7–19.

Statistisches Bundesamt. (2016a). *Prüfungen an Hochschulen 2015* (No. Fachserie 11 Reihe 4.2). Wiesbaden: Springer. https://www.destatis.de/DE/Publikationen/Thematisch/BildungForschungKultur/Hochschulen/PruefungenHochschulen2110420157004.pdf?__blob=publicationFile. Zugegriffen am 07.06.2017.

Statistisches Bundesamt. (2016b). *Personal an Hochschulen 2015* (No. Fachserie 11 Reihe 4.4). Wiesbaden: Springer. https://www.destatis.de/DE/Publikationen/Thematisch/BildungForschungKultur/Hochschulen/PersonalHochschulen2110440157004.pdf;jsessionid=CF3B7213D8EB45C42967D9A194744BB3.cae2?__blob=publicationFile. Zugegriffen am 07.06.2017.

Statistisches Bundesamt (Destatis). (2017). *Studierende an Hochschulen Wintersemester 2016/2017* (Vorbericht No. Fachserie 11 Reihe 4.1). https://www.destatis.de/DE/Publikationen/Thematisch/BildungForschungKultur/Hochschulen/StudierendeHochschulenVorb2110410178004.pdf?__blob=publicationFile. Zugegriffen am 07.06.2017.

Studentenwerk München. (o. J.). Studierendencoaching. *www.studentenwerk-muenchen.de.* http://www.studentenwerk-muenchen.de/beratungsnetzwerk/studierendencoaching/. Zugegriffen am 04.07.2018.

Symanski, U. (2016). Organisationale Individualitäten von Hochschulen – Sind sie relevant für Coaching-Prozesse? In R. Wegener, S. Deplazes, M. Hasenbein, H. Künzli, A. Ryter & B. Uebelhart (Hrsg.), *Coaching als individuelle Antwort auf gesellschaftliche Entwicklungen* (S. 91–98). Wiesbaden: Springer.

Szczyrba, B. (2011). Beratung und Coaching im Feld der Hochschule. Das Netzwerk Wissenschaftscoaching. *Journal Hochschuldidaktik, 22,* 30–31.

Weisweiler, S., Peter, T., Peus, C., & Frey, D. (2011). Personalentwicklung für Wissenschaftler/innen – Professionalisierung von Selbst-, Führungs- und Lehrkompetenzen. *Zeitschrift für Hochschulentwicklung, 6*(3), 325–340.

Wergen, J. (2011). Coaching für gute Lehre. *journal hochschuldidaktik, 2,* 19–21.

Wergen, J. (2017). NLP und die Berücksichtigung individueller, subjektiver Strukturen im Wissenschafts-coaching. In B. Szczyrba, T. van Treeck, B. Wildt & J. Wildt (Hrsg.), *Coaching (in) Diversity an Hochschulen: Hintergründe-Ziele-Anlässe-Verfahren* (S. 231–249). Wiesbaden: Springer.

Wiemer, M. (2012). Begleitung anspruchsvoller Bildungswege: Coaching für Studierende. *Organisationsberatung, Supervision, Coaching, 19*(1), 49–57. https://doi.org/10.1007/s11613-012-0271-3.

Zentrum für Lehrentwicklung der TH Köln. (Hrsg.). (o. J.). LehrendenCoaching für neuberufene Professor*innen. https://www.th-koeln.de/mam/downloads/deutsch/hochschule/profil/lehre/flyer_lehrendencoaching.pdf. Zugegriffen am 13.02.2018.

Bildungscoaching – eine Befragung von Praktikern

© Springer Fachmedien Wiesbaden GmbH, ein Teil von Springer Nature 2019
G. Matthes, H. Garczorz, *Bildungscoaching*, https://doi.org/10.1007/978-3-658-23918-3_5

5

Wer ist als Bildungscoach tätig? Über welche Qualifikation verfügt er oder sie? Wer sind die Ziel-
gruppen? Welche Themen werden behandelt? Was kostet ein Coaching? Bildungscoaching ist
eine Dienstleistung, die zunehmend Relevanz erlangt, aber im Hinblick auf die Akteure und Rah-
menbedingungen noch wenig untersucht ist. Mangels belastbarer Untersuchungsergebnisse in
der aktuellen wissenschaftlichen Literatur haben wir eine eigene Online-Befragung von 50 Bil-
dungscoaches durchgeführt. Das vorliegende Kapitel gibt einen Überblick über die Ergebnisse
der Umfrage im Hinblick auf die Qualifizierung der Coaches, ihre Zielgruppen, Anlässe und The-
men sowie die finanziellen Rahmenbedingungen.

Im Frühjahr 2018 haben wir eine Befragung von Bildungscoaches durchgeführt, um
das Thema aus der Praxisperspektive zu betrachten und Rahmendaten, Themen, Anlässe, Zielgruppen und Zugänge zu Coaching im Bildungsbereich zu ermitteln. Insgesamt nahmen 50 Personen teil. Eine Person brach den Fragebogen nach der ersten
Frage ab. Da sich die zweite Frage auf Erfahrungen im Bildungsbereich bezieht, steht
zu vermuten, dass die Person nicht im Bildungsbereich tätig war. Die Teilnehmerinnen
und Teilnehmer der freiwilligen Befragung wurden aus den folgenden Gruppen ausgewählt:
- Coaches, die in einem oder mehreren öffentliche zugänglichen persönlichen Profilen,
  wie LinkedIn oder Xing die Bezeichnung Bildungscoach verwenden.
- Coaches, die durch Landesinstitute aus einem Coachingpool ausgewählt wurden.
- Coaches, die im Rahmen von Recherchen als Bildungscoach identifiziert wurden.
- Coaches, die durch Hochschulen über deren Websites empfohlen oder präsentiert
  wurden.

Inhaltlich richteten sich die Fragen nach der Person, den Strukturen und den Rahmenbedingungen des Umfeldes von Bildungscoaching (◘ Abb. 5.1).
  Die Themen der Befragung teilen sich in vier Bereiche auf, die Aufschluss über verschiedene Fragen geben:

Abb. 5.1 Themenfelder
Umfrage Bildungscoaching Frühjahr
2018 (eigene Darstellung) ©

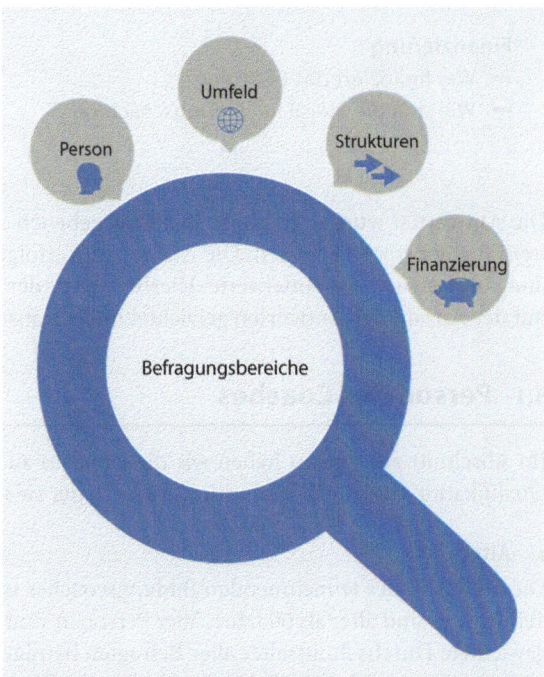

Person
- Wer coacht im Bildungsbereich?
- Gibt es einen „Graue- Schläfen-Faktor" im Bildungscoaching?
- Welchen beruflichen Hintergrund haben Bildungscoaches?
- Welche Ausbildung haben Bildungscoaches?
- In welchen Organisationen sind sie tätig?
- Sind Bildungscoaches Mitglieder in Verbänden?

Umfeld
- Wie viele Coachingprozesse finden in dem Bereich statt?
- Zu welchen Themen?
- Welche Zielgruppen werden gecoacht?
- Wie ist der Zugang zu diesem Markt?

Strukturen
- Welchen zeitlichen Umfang hat ein Coachingprozess?
- Welche Methoden werden verwendet?
- Wie werden die Coachings evaluiert?
- Welche Anlässe lösen Coachingbedarf im Bildungsbereich aus?
- Welche Themen werden im Bildungscoaching bearbeitet?

Finanzierung
- Wer finanziert das Coaching?
- Wie sind die Preise im Bildungscoaching?

Die Antworten wurden teilweise mit vorgegebenen Antwortkategorien und teilweise als freie Textantworten erhoben. Die Auswertung erfolgte durch Textanalyse, Kategorienbildung und gewichtete Mittelwerte. Hierbei wurde der mittlere Zahlenwert einer Kategorie mit der Anzahl der Antworten gewichtet und daraus der Mittelwert gebildet.

5.1 Person des Coaches

Im Abschnitt zur Person haben wir die Coaches zu ihrem Alter, ihrer Erfahrung, ihrer Qualifikation und der Organisationsform, in der sie tätig sind, befragt (◘ Abb. 5.2).

■ **Alter**
Die Mehrzahl der teilnehmenden Bildungscoaches ist zwischen 40 und 60 Jahre alt. Acht Teilnehmer sind älter als 60 Jahre. Vier Personen sind jünger als 40 Jahre (◘ Abb. 5.3). Das gewichtete Durchschnittsalter aller Befragten beträgt 51,4 Jahre.

Der „Graue-Schläfen-Faktor", die altersbedingte Kompetenzzuschreibung, scheint demnach auch im Bereich des Bildungscoachings einen gewissen Stellenwert zu besitzen. Ein Grund dafür ist möglicherweise, dass mit zunehmendem Alter auch mehrere Jahre Erfahrung im Schulalltag und eine höhere Routine im Einsatz des Methodenrepertoires unterstellt werden. Eine weitere Erklärung könnte darin liegen, dass die meisten Bildungscoaches selbst eine Schullaufbahn mit nachgelagerter Weiterbildung beschrit-

◘ **Abb. 5.2** Themenfeld Person des Coaches (eigene Darstellung) ©

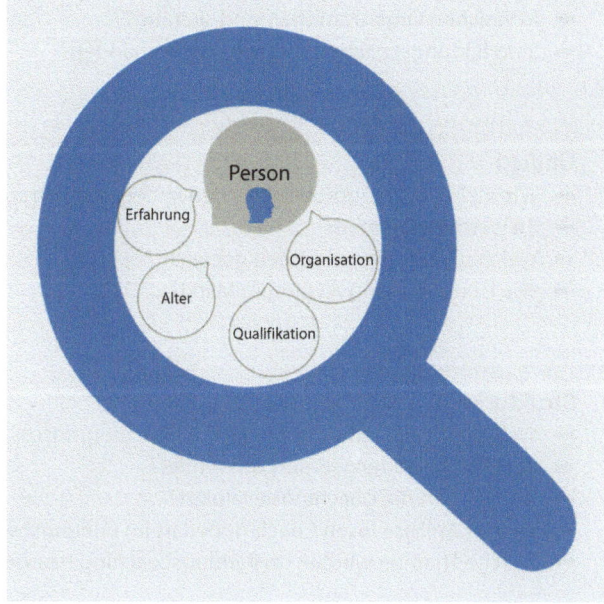

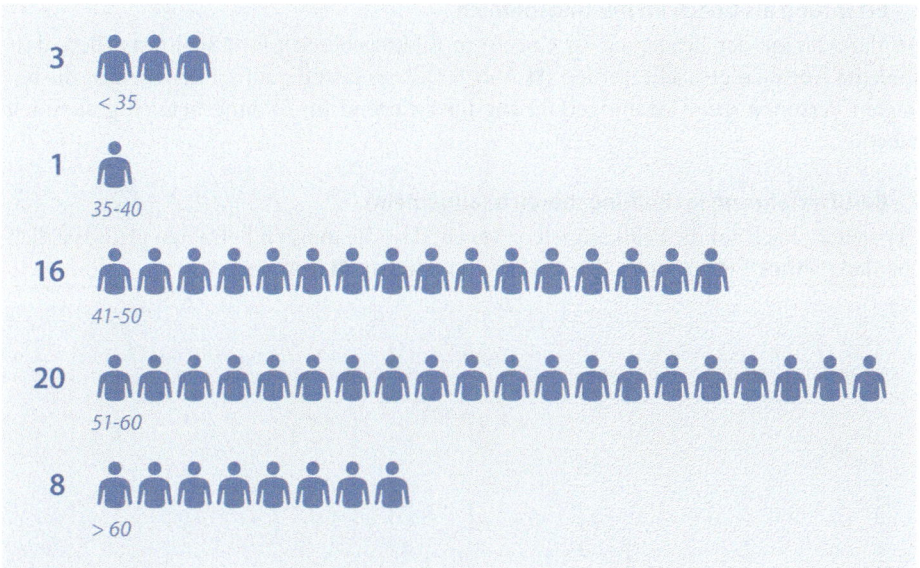

Abb. 5.3   Alter der befragten Bildungscoaches (eigene Darstellung) ©

ten haben und daher bereits ein bestimmtes Alter mitbringen, bevor sie als Coach tätig wurden.

Zum Vergleich: „Der Coach des Jahres 2017", wie er von Middendorf und Salomon (2018) beschrieben wird, liegt ebenfalls in diesem Bereich: männliche Coaches sind durchschnittlich 54,4 Jahre, weibliche Coaches 51,7 Jahre alt.

- **Berufserfahrung als Coach (allgemein)**

Auf die Frage: „Wie lange arbeiten Sie als Coach?", antworteten die meisten Coaches, dass sie über mehr als sechs Jahre Erfahrung in der Coachingarbeit verfügen (Abb. 5.4). Durchschnittlich haben die Coaches 9,7 Jahre Erfahrung im Bereich Coaching.

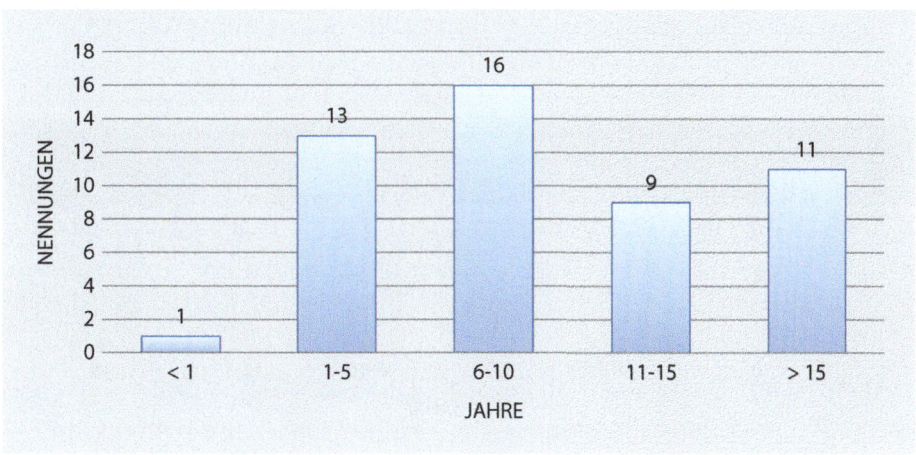

Abb. 5.4   Berufserfahrung als Coach (eigene Darstellung) ©

■ **Erfahrung als Coach im Bildungsbereich**

Bei der Abfrage der Erfahrung als Coach im Bildungsbereich lässt sich feststellen, dass ähnliche Angaben gemacht werden (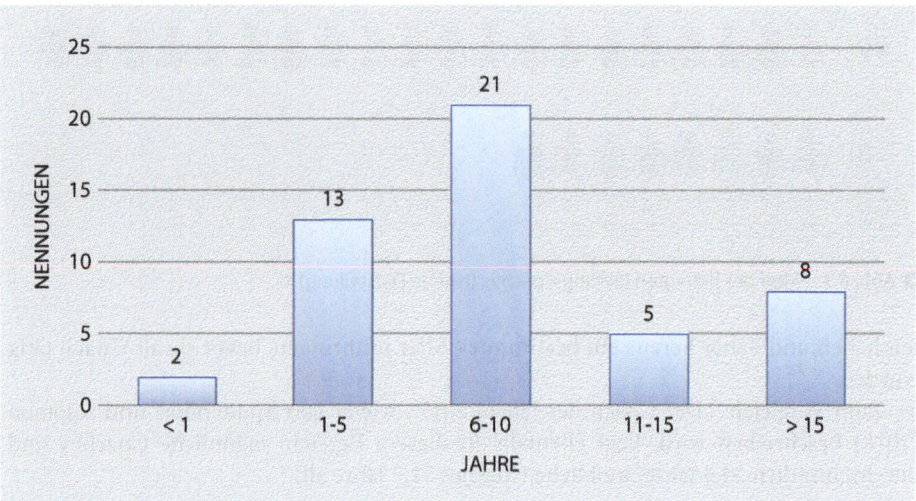 Abb. 5.5). Dies lässt darauf schließen, dass die befragten Personen ihre Coachingerfahrung überwiegend im Bildungsbereich gesammelt haben.

■ **Berufserfahrung im Bildungsbereich (allgemein)**

Der weitere Blick auf die Feldkompetenz verrät, dass die meisten Befragten grundsätzlich über langjährige Erfahrung in Ihrem Umfeld verfügen (■ Abb. 5.6).

5

■ **Abb. 5.5**   Erfahrung im Bereich Bildungscoaching (eigene Darstellung) ©

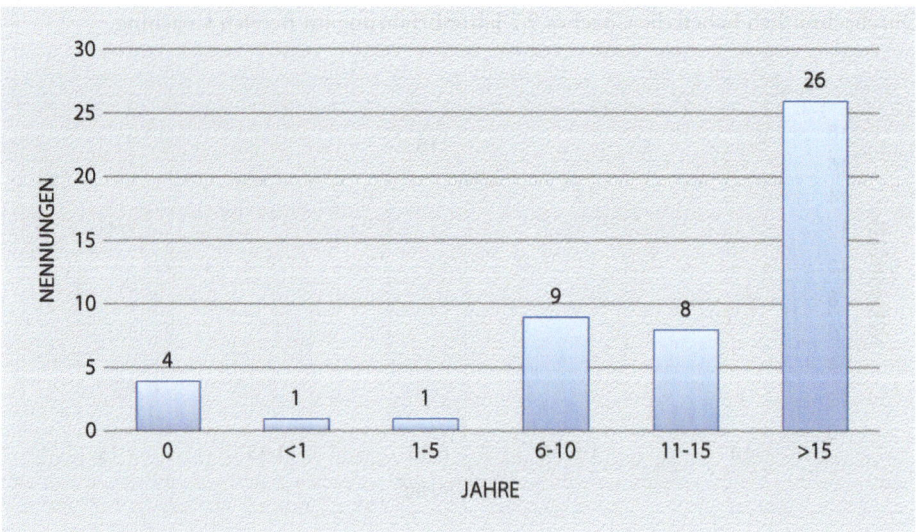

■ **Abb. 5.6**   Berufserfahrung im Bildungsbereich (eigene Darstellung) ©

Der Großteil der Coaches (70 %) gaben an, mehr als 10 Jahre Erfahrung gesammelt zu haben. Diese Angaben lassen darauf schließen, dass Coaches im Bildungsbereich Wert darauflegen, das Umfeld zu kennen, in dem sie beratend tätig sind und die dort gewonnene Expertise als vorteilhaft einschätzen. Ebenfalls eröffnet sich gegebenenfalls durch den Tätigkeitsbereich Coaching eine neue Karriereperspektive für Lehrende.

■ **Führungserfahrung im Bildungsbereich**

65 % der Bildungscoaches verfügen zu ihrer Erfahrung im Feld der Bildung zusätzlich über Führungserfahrung, was ihrer Kompetenzzuschreibung zugutekommt (◘ Abb. 5.7).

■ **Erwartete Kompetenzen**

Die Ausbildung spielt bei Coaches eine maßgebliche Rolle. Da die Berufsbezeichnung „Coach" nicht geschützt ist, stellt sich die Frage nach den Kompetenzerwartungen (◘ Abb. 5.8) und wie die erforderlichen Kompetenzen erworben werden.

Diese Frage wurde offen gestellt und die Einzelnennungen in die entsprechenden Kompetenzklassen eingeordnet.

Zum Bereich *Feldkompetenz* gehören Nennungen wie „Wissen über Strukturen und Alltag" im Wissenschaftssystem, im Schulsystem, in den Themen der Schulen und Hochschulen, deren informale und formale Systeme und Gegebenheiten sowie „Erfahrung als Teil dieser Strukturen".

Unter der Überschrift *Fach- und Methodenkompetenz* finden sich Stichworte wie „Prozess- und Zielorientierung", „Beratungskompetenz", „Impuls- und veränderungsgebende Kompetenzen", „praktische Tools", „Fragetechniken" oder „aktives Zuhören".

Dem Bereich der *sozial-kommunikativen Kompetenzen* wurden „Empathie", „Sozialkompetenz" und „Wertschätzung" zugeordnet.

Zu den *personalen Kompetenzen* zählen „Rollenklarheit", „professionelle Distanz", „innere Haltung" und „interkulturelle Kompetenz".

◘ **Abb. 5.7**   Führungserfahrung im Bildungsbereich (eigene Darstellung) ©

5

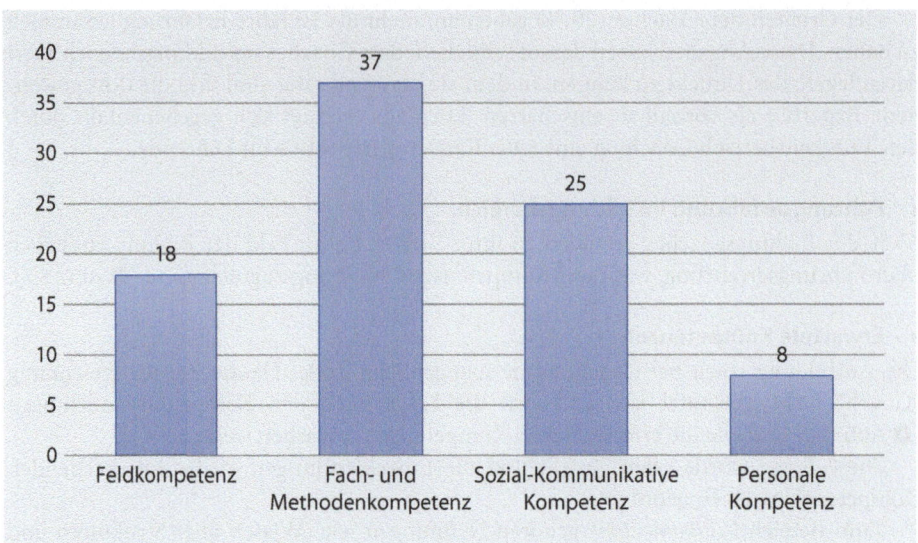

Die Aneignung dieser Kompetenzen erfolgt über Qualifikation und Erfahrung, sodass die meisten der Bildungscoaches über eine Coachingausbildung in Form einer Weiterbildung verfügen. Dies zeigen auch die Ergebnisse der 3. Marburger Coaching-Studie aus dem Jahr 2013. Hier geben 72,2 % der in Deutschland tätigen Coaches an, eine Coaching-Zusatzqualifizierung durchlaufen zu haben, mit der sie zumeist auf einen Hochschulabschluss oder eine abgeschlossene Berufsausbildung aufbauen (Philipps-Universität Marburg Innovationsforschungsstelle und Deutscher Bundesverband Coaching e. V. 2013).

▪ **Grundständige Studiengänge**
Aus diesem Grund haben wir zunächst die grundständigen Studiengänge abgefragt (◼ Abb. 5.9).

Auffällig ist der mehrheitlich akademische Hintergrund der Coaches. Nur vier Personen geben an, kein grundständiges Studium absolviert zu haben. Demgemäß lässt sich in diesem akademisch geprägten Umfeld feststellen, dass Wert auf *formale Kompetenznachweise* gelegt wird. Der Studienschwerpunkt im pädagogischen Bereich lässt auf eine hohe Beteiligung von Coaches aus dem System „Schule" schließen. Diese Vermutung bestätigt sich im weiteren Verlauf der Befragung (◼ Abb. 5.17)

▪ **Coachingausbildung**
Im weiteren Schritt wollten wir erfahren, ob und in welchem Umfang eine Coachingausbildung absolviert wurde und welche thematischen Schwerpunkte dabei relevant waren.

Die deutliche Mehrheit von 88 % der Coaches verfügt über eine Coachingausbildung (◼ Abb. 5.10).

Die Antworten bestätigen die Annahme, dass in diesem Umfeld auf *formale Kompetenznachweise* Wert gelegt wird.

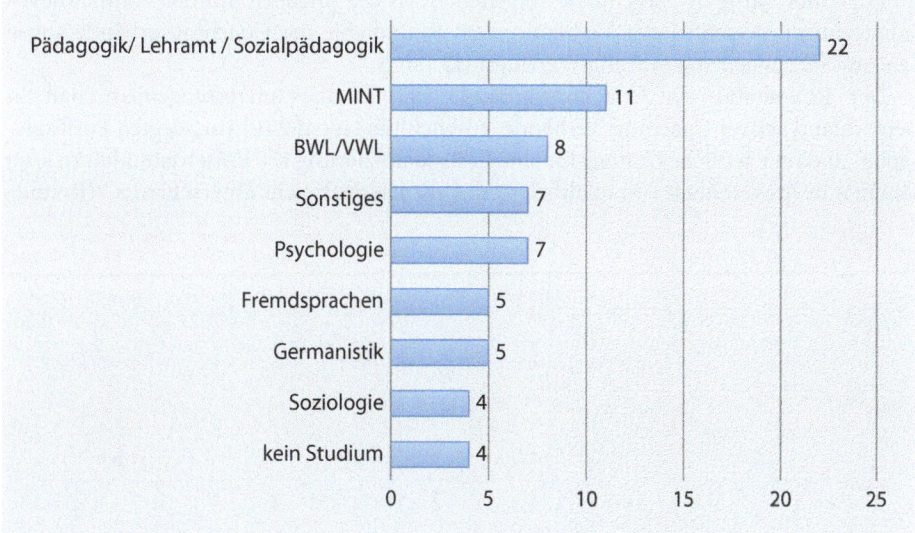

Abb. 5.9   Grundständiges Studium von Bildungscoaches (eigene Darstellung) ©

Abb. 5.10   Anteil der Befragten mit und ohne Coachingausbildung (eigene Darstellung) ©

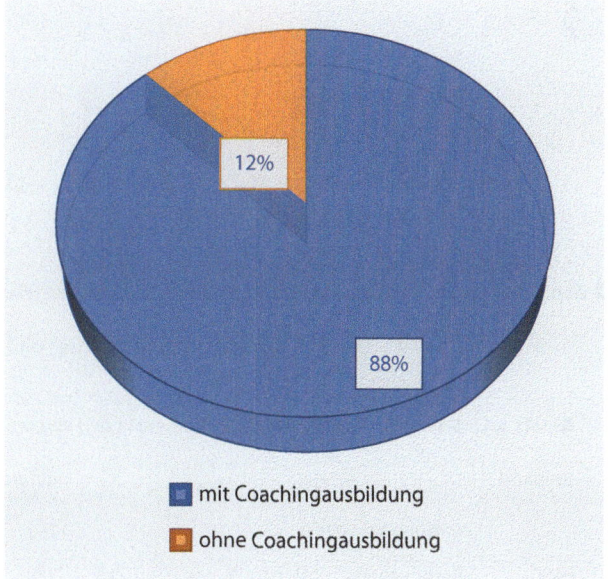

■ **Dauer der Ausbildung**

Coachingausbildungen gibt es auf dem deutschen Markt viele; dabei haben insbesondere der zeitliche Umfang (◘ Abb. 5.11) und das inhaltliche Curriculum maßgeblichen Einfluss auf die Qualität der Ausbildung.

Die meisten der befragten Coaches haben eine umfangreiche Ausbildung mit mehr als 150 Stunden absolviert.

Zur Einordnung der Ergebnisse vergleichen wir die Angaben mit den Aufnahmevoraussetzungen verschiedener Verbände, dem Roundtable der Coachingverbände sowie den Anforderungen von Stiftung Warentest (◘ Tab. 5.1).

Der Roundtable der Coachingverbände (RTC), eine Interessengemeinschaft in Deutschland aktiver Coaching-Verbände, empfiehlt in einem 2015 vorgelegten Positionspapier, „dass der zeitliche Umfang für eine Basisqualifizierung 150 Präsenzstunden zu je 60 Minuten in Anwesenheit von qualifiziertem Lehrpersonal nicht unterschreitet" (Round-

5

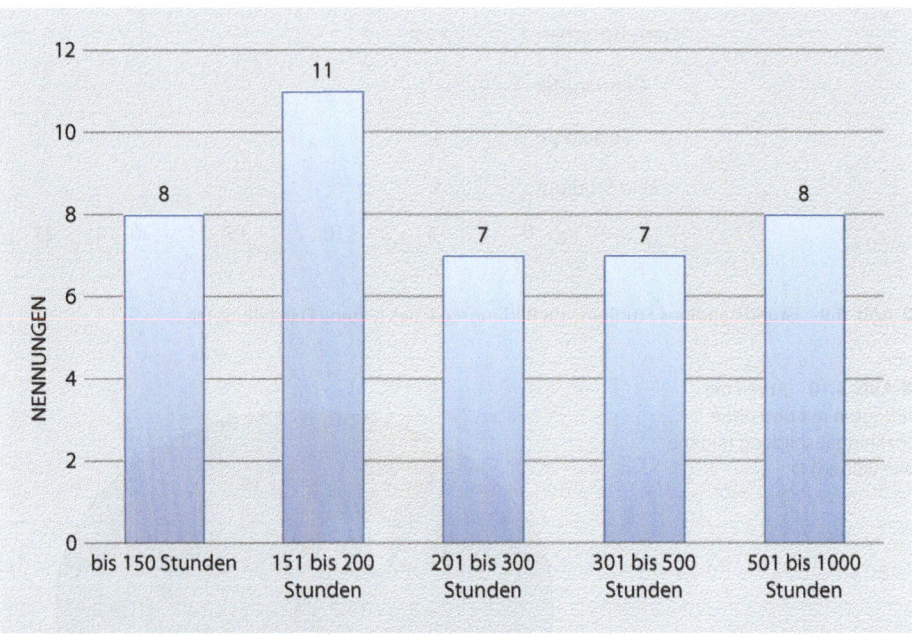

◘ **Abb. 5.11**   Dauer der Ausbildung in Zeitstunden (eigene Darstellung) ©

◘ Tab. 5.1	Dauer der Ausbildung zur Aufnahme in den Verband	
Verband		**geforderte Zeitstunden zur Aufnahme**
	Stiftung Warentest	250
EASC	European Association for Supervision and Coaching	250
DCV	Deutscher Coachingverband e. V.	200
RTC	Round Table der Coachingverbände	150
DBVC	Deutscher Bundesverband Coaching e. V.	150
DCG	Deutsche Coachinggesellschaft e. V.	150
DGfC	Deutsche Gesellschaft für Coaching e. V.	150

table der Coachingverbände 2014). Lernformen, die dem Transfer von Theorie und Praxis dienen, sowie ebenso notwendige Zeiten des Selbststudiums oder des Lernens in kollegialen Systemen seien hierbei nicht einzurechnen. Die Stiftung Warentest, die einen Umfang von 250 Präsenzstunden für notwendig erachtet, empfiehlt in einem 2013 veröffentlichten Kriterienkatalog für Coaching-Einstiegsqualifizierungen, dass ein Kurs über mindestens zwölf Monate angelegt sein sollte, um den Teilnehmern das Selbststudium zwischen den Präsenztagen zu ermöglichen (Stiftung Warentest 2013).

■ **Schwerpunkt der Coachingausbildung**

Die Frage nach dem thematischen Schwerpunkt der Coachingausbildungen wurde von 44 Personen beantwortet, 6 Personen haben diese Frage übersprungen.

Die Systemische Ausrichtung ist eine weit verbreitete Ausbildungsrichtung und liegt im Bildungsbereich (◨ Abb. 5.12) auf dem ersten Platz.

In der Kategorie „Weitere" finden sich folgende Einzelnennungen:

- Potenzialorientiertes Coaching
- Integrative Psychotherapie
- Kunsttherapie
- Organisationsberatung
- Transpersonale Psychologie
- Wildniscoaching
- Psychodrama
- Supervision
- Lösungsfokussiertes Coaching
- Evolutionspädagogische Ausrichtung
- Kompetenzorientierte Lehre
- Business Coaching

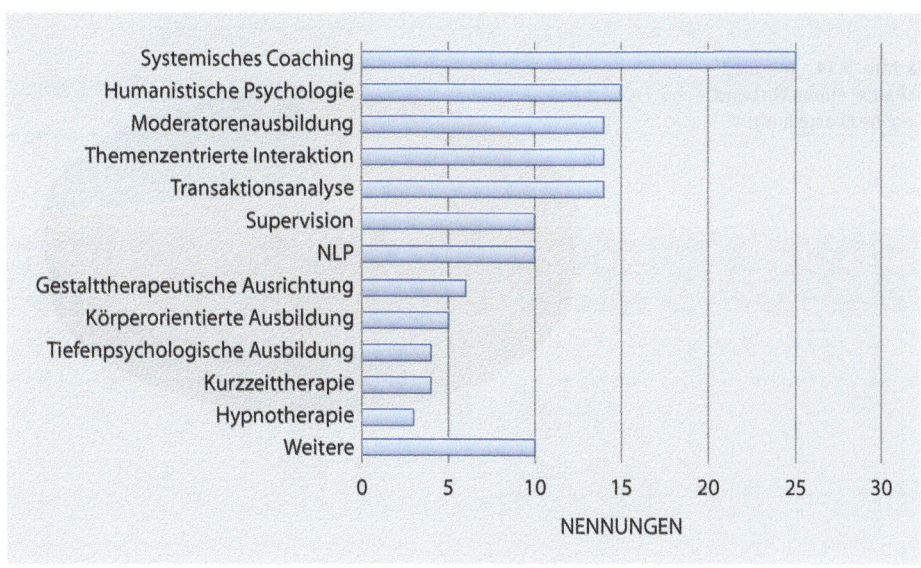

◨ **Abb. 5.12** Themenschwerpunkte der Coachingausbildungen (eigene Darstellung) ©

5

▪ Organisation

Die beiden folgenden Fragen geben Aufschluss darüber, in welcher Organisationsform Bildungscoaches arbeiten (▣ Abb. 5.13) und inwiefern sie Mitglied in einem Verband sind (▣ Abb. 5.14).

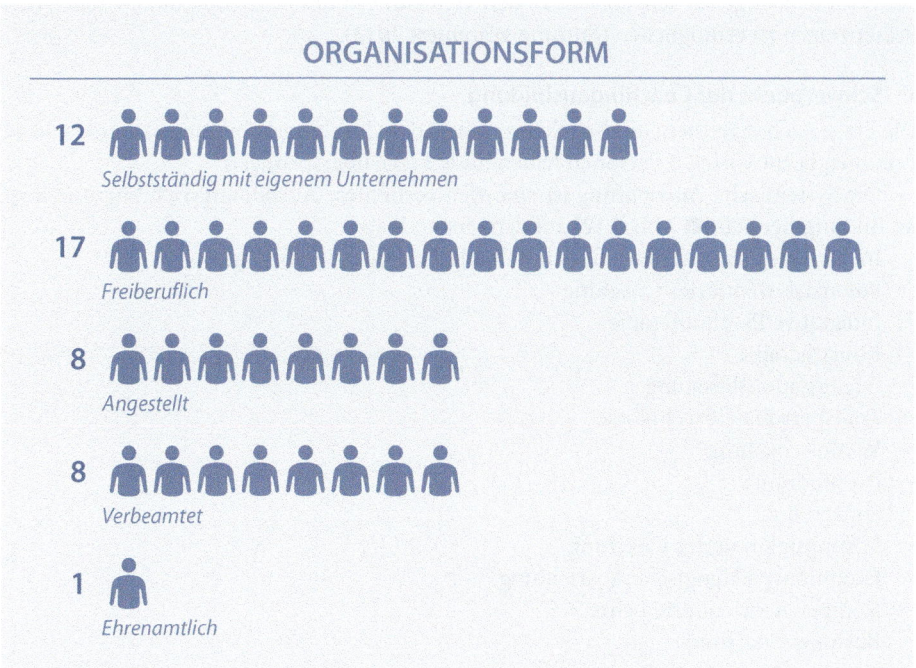

▣ **Abb. 5.13**   Organisationsformen von Coaches (eigene Darstellung) ©

▣ **Abb. 5.14**   Mitgliedschaft in einem Verband (eigene Darstellung) ©

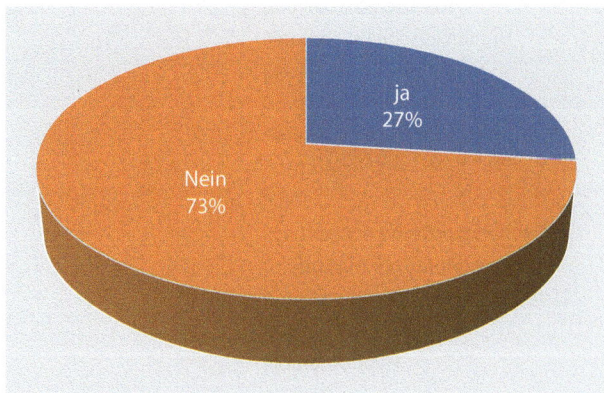

- **Organisationsform**

Die meisten der befragten Bildungscoaches sind freiberuflich tätig oder selbstständig im eigenen Unternehmen. Da die Option der Mehrfachauswahl bestand, ist es möglich, dass auch angestellte oder verbeamtete Coaches, nebenberuflich als freiberufliche Coaches tätig sind. Diese Option wurde nicht explizit erhoben.

- **Verbandsmitgliedschaft**

In Deutschland gibt es eine Vielzahl an Coachingverbänden, die die Themen Qualität, Standards, Ausbildung und Weiterbildung zur Professionalisierung betrachten und weiterentwickeln.

Aus diesem Grund haben wir nachgefragt und folgende Antwort erhalten (◘ Abb. 5.14):

Die Mehrzahl der Coaches ist nicht Mitglied in einem der Verbände. Eine einschlägige Ausbildung scheint hier für die Befragten einen höheren Stellenwert zu haben.

5.2 Umfeld (◘ Abb. 5.15)

Um das Umfeld, in dem Bildungscoaching stattfindet, besser erfassen zu können, wurde gefragt, wie viele Coachingprozesse im Jahr 2017 durchgeführt wurden (◘ Abb. 5.16), in welchen Organisationen diese stattgefunden haben (◘ Abb. 5.17), welche Zielgruppen gecoacht werden (◘ Abb. 5.18) und wie Coach und Coachee zusammenfinden (◘ Abb. 5.19).

- **Anzahl der Coachingprozesse**

Durchschnittlich wurden im Jahr 2017 8,2 Coachingprozesse durchgeführt.

Im Vergleich dazu weisen die Ergebnisse der allgemeinen Umfrage, anhand derer der „Coach des Jahres 2017" charakterisiert wird, durchschnittlich 21,2 Prozesse bei den

◘ **Abb. 5.15** Themenfeld
Umfeld (eigene Darstellung) ©

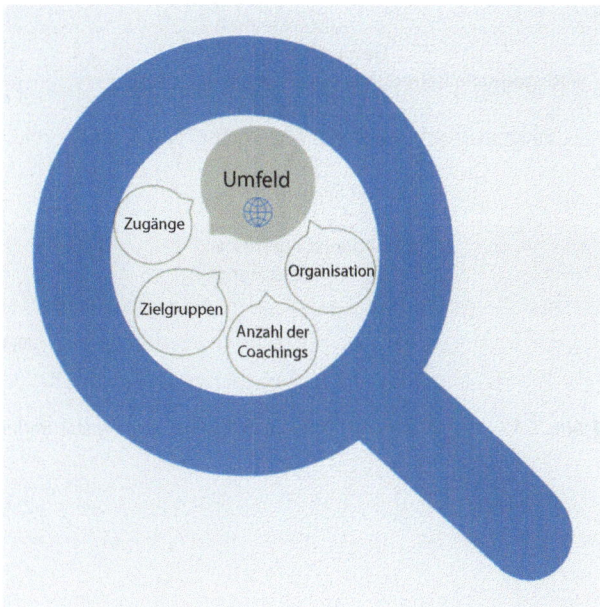

5

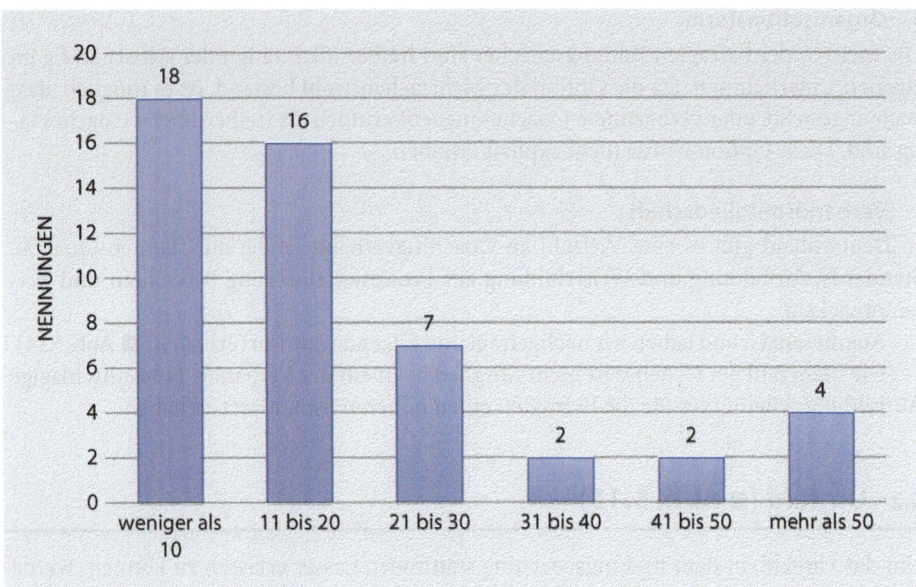

◪ **Abb. 5.16**   Anzahl Coachings in 2017 (eigene Darstellung) ©

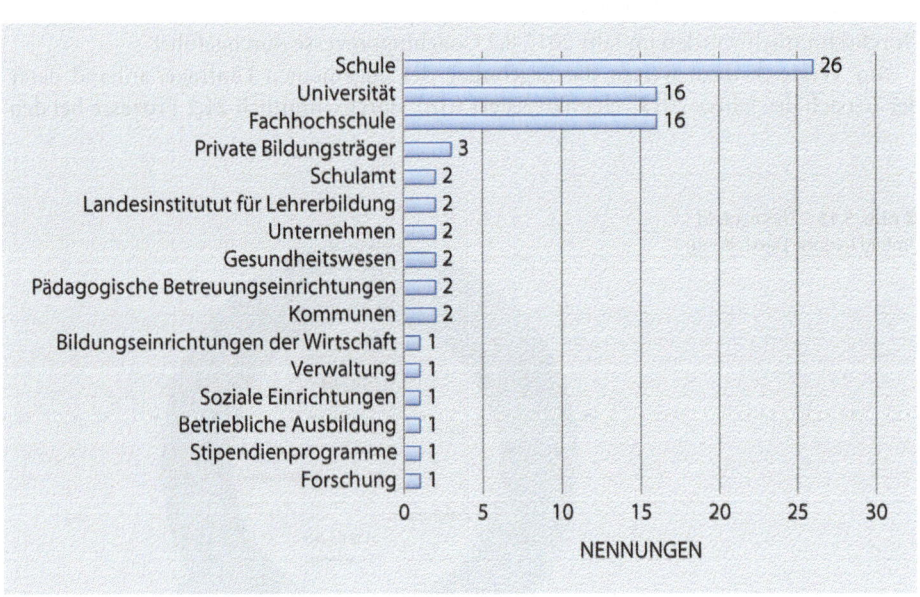

◪ **Abb. 5.17**   Organisationen, in denen Bildungscoaching stattfindet (eigene Darstellung) ©

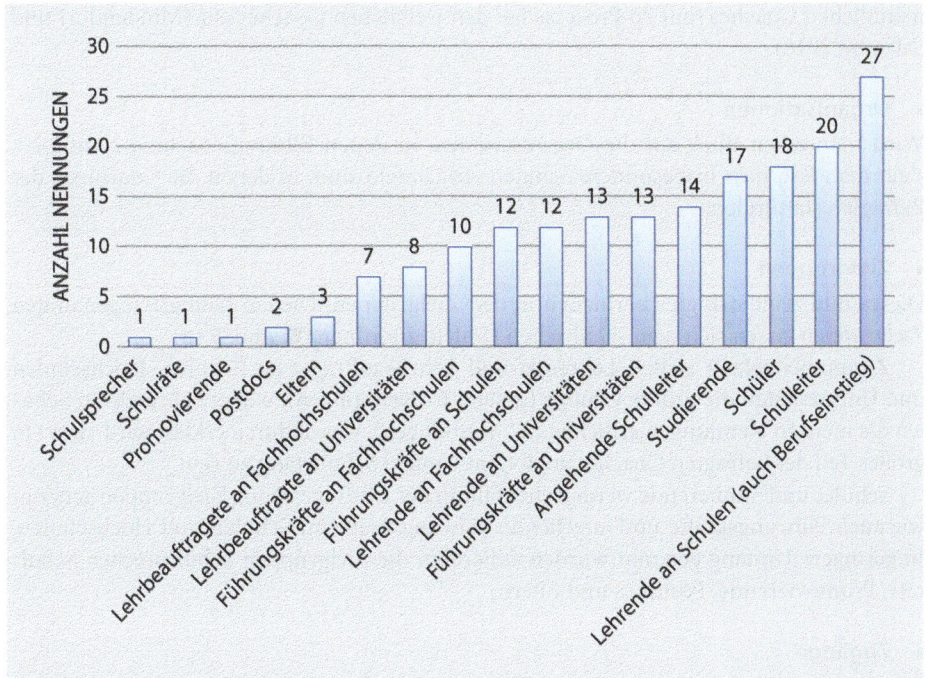

☐ **Abb. 5.18** Zielgruppen (eigene Darstellung) ©

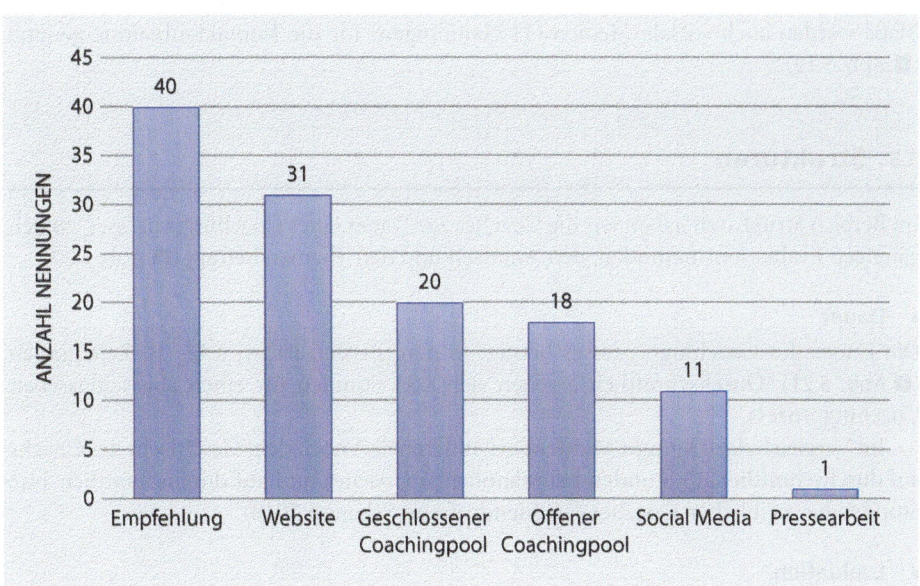

☐ **Abb. 5.19** Zugänge (eigene Darstellung) ©

männlichen Coaches und 26 Prozesse bei den weiblichen Coaches auf (Middendorf und Salamon 2018).

■ **Organisationen**

Wirft man einen Blick auf die Organisationen, in denen Bildungscoaching stattfindet, stellt man fest, dass insbesondere Schulen ein Umfeld sind, in denen die Coachings der Befragten stattfinden.

■ **Zielgruppen**

Dieses Bild zeigt sich gleichermaßen in den Zielgruppen. Die am häufigsten genannten Zielgruppen lassen sich dem schulischen Umfeld zuordnen (◘ Abb. 5.18).

Zusammengefasst stellen Lehrende und Lehrbeauftragte an Schulen, Hochschulen und Universitäten die größte Gruppe (gesamt 67 Nennungen), wobei Lehrende an Schulen die meisten Nennungen erhielten (27 Nennungen), was dadurch erklärt wird, dass ein großer Teil der befragten Coaches angibt, im Umfeld Schule tätig zu sein.

Schüler und Studierende werden ebenfalls in der Umfrage häufig Zielgruppen genannt wie auch Führungskräfte und angehende Führungskräfte an Schulen und Hochschulen. In geringem Umfang genannt wurden außerdem die Zielgruppen Schulsprecher, Schulräte, Promovierende, Postdocs und Eltern.

■ **Zugänge**

Wie werden die Coaches von Ihren Klienten gefunden? Bei der Beantwortung dieser Frage waren Mehrfachnennungen möglich. Der Zugang von Coachee zu Coach erfolgt in den meisten Fällen durch Empfehlungen (40 Nennungen). Als zweiter Zugang ist die Zugehörigkeit zu einem offenen oder geschlossenen Coachingpool (38 Nennungen) ein häufig genannter Weg, danach folgt die eigene Website (20 Nennungen). In geringerem Maße werden auch soziale Medien (11 Nennungen) für die Kontaktaufnahme genutzt (◘ Abb. 5.19).

5.3 Strukturen

Im Bereich Strukturen haben wir die Coaches zur Dauer eines Coachingprozesses, zu den gängigen Evaluationsmethoden, den Anlässen und den Themen befragt (◘ Abb. 5.20).

■ **Dauer**

Die Dauer des Coachingprozesses beträgt in den meisten Fällen 6 bis 10 Zeitstunden (◘ Abb. 5.21). Durchschnittlich ergeben sich 8,35 Stunden für einen abgeschlossenen Coachingprozess.

Im Vergleich dazu kommt Middendorf, differenziert nach dem Geschlecht des Coachs auf durchschnittlich 13 Stunden bei männlichen Coaches und auf durchschnittlich 11,2 Stunden bei weiblichen Coaches (Middendorf und Salamon 2018).

■ **Evaluation**

Wie viele Coaches das Coaching evaluieren, wurde nicht abgefragt. Die Fragestellung wurde jedoch von 48 Personen beantwortet. Mehrfachnennungen waren möglich.

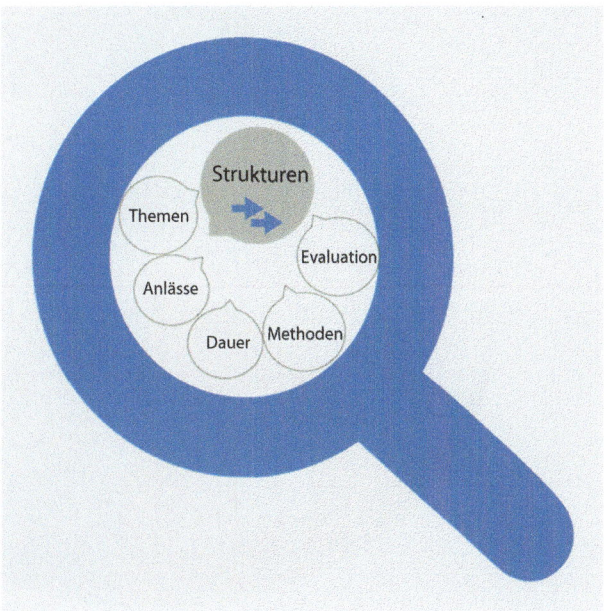

Abb. 5.20 Themenfeld Strukturen (eigene Darstellung) ©

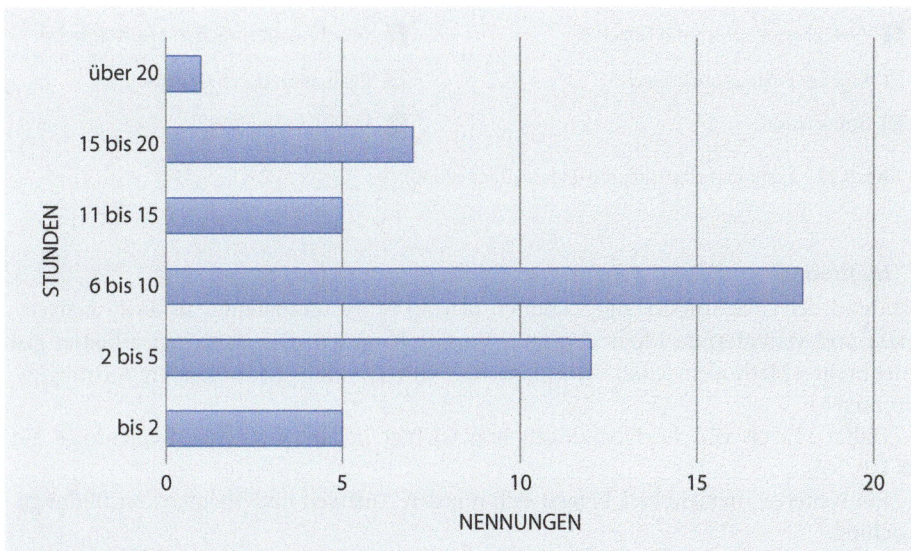

Abb. 5.21 Dauer eines Coachingprozesses (eigene Darstellung) ©

Das am häufigsten verwendete Evaluationsinstrument ist das Abschlussgespräch zwischen dem Coach und Klient (49 %), gefolgt vom eigenen Evaluationsbogen (25 %) und dem Abschlussgespräch mit dem Auftraggeber (14 %). In geringerem Maße genannt wurden Online-Evaluation (5 %), Supervision (4 %) und die Evaluation durch die Organisation (■ Abb. 5.22).

5

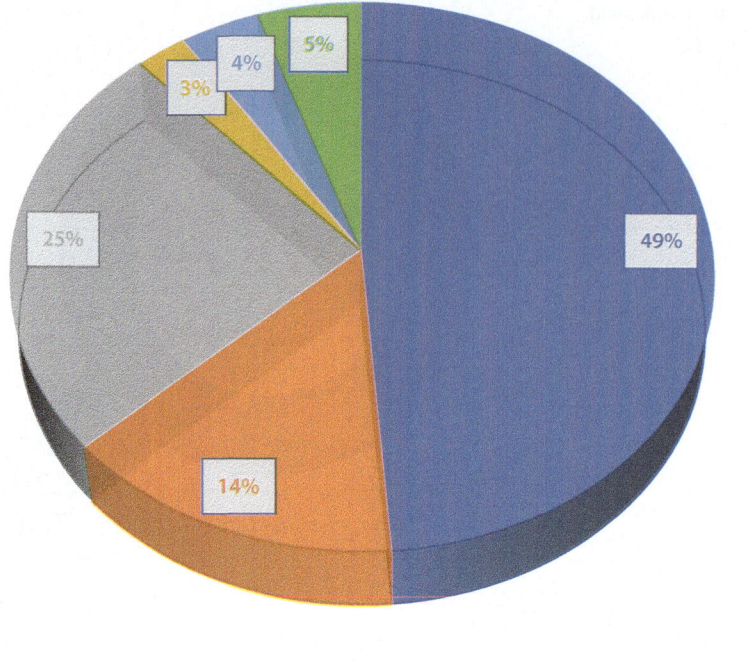

	Abschlussgespräch mit Coachee		Abschlussgespräch mit Auftraggeber
	Eigener Evaluationsbogen		Evaluation durch Organisation
	Supervision		Online Evaluation

◨ **Abb. 5.22**   Evaluationsinstrumente (eigene Darstellung) ©

■ **Methoden**

Während der Coachingsitzungen können sowohl prozessgestaltende als auch analysierende und verändernde Methoden zum Einsatz kommen. Die Befragten arbeiten mit einer breiten Methodenvielfalt, ohne dass sich Schwerpunkte oder besondere Ausprägungen zeigen.

Daher führen wir die Nennungen ungewichtet in alphabetischer Reihenfolge auf (◨ Tab. 5.2).

Ein weiterer Themenblock befasst sich mit den Anlässen und Themen von Bildungscoaching.

■ **Anlässe**

Die Anlässe (◨ Abb. 5.23) lassen sich nach Lippmanns Modell in *Rolle, Organisation* und *Person* (▶ Abschn. 3.3) unterteilen (2013, S. 26).

Die meisten Anlässe resultieren aus dem Bereich „*Person*". Hierzu gehören beispielsweise Laufbahnberatung, Umgang mit Phasen besonderer beruflicher Belastung sowie der Umgang mit gewünschter oder notwendiger Veränderung.

Anlässe, die aus der *Rolle* heraus entstehen, bilden die zweite Kategorie ab. Hier finden sich beispielhaft Anlässe wie die Neuberufung, Wechsel der Institution mit neuer Stelle oder die Übernahme von Führungsverantwortung.

Tab. 5.2 Methodenspektrum (freie Nennungen)

Achtsamkeitsübungen	Lösungsfokussiertes Coaching
Aktives Zuhören	Lösungsfokussiertes Kurzzeitcoaching
Ambivalenzcoaching	Mentaltechniken
Arbeit mit dem inneren Erwachsenen	NLP
Auftragsklärung	ORSC – Organisations- and Relationship Coaching
Ausräumende Gesprächsführung	Prozessmodell der Veränderung
Dialog	Riemann-Thomann Modell
Fragetechniken	Selbst- und Fremdwahrnehmung
Gesprächsführung	Solution Focus
Hospitation	Sorgfältige Auftragsklärung
Hypnosystemische Interventionen	Systemische Aufstellung
Individualpsychologischer Ansatz	Systemische Beratung
Inneres Team (2 Nennungen)	Systemischer Ansatz
Karten	Szenarioarbeit
Kartentechnik	Tiefenpsychologisches Gespräch
Kollegiale Beratung	Transaktionsanalyse
Kompetenzenbilanz	WingWave
Körperarbeit	Wunderfrage
Kunsttherapie	Zeitmanagementtools
Lehrhospitationen	Zuhören
Lernen durch Erfahrung	Züricher Ressourcen Modell

*Organisation*sinduzierte Anlässe entstehen aus organisationalen Veränderungsprozessen wie beispielsweise die Einführung von Qualitätsmanagement oder die Umstellung und Anpassung von Lehr-Lernprozessen aufgrund neuer Anforderungen an die Institution.

- **Themen**

Die Anlässe spiegeln sich in den Themen (**◘** Abb. 5.24) der Coachees wider. Bei der Beantwortung waren Mehrfachnennungen möglich.

Die Themen spiegeln die Belastung der Zielgruppen wider. Das am häufigsten genannte Thema ist der Umgang mit Konflikten, dicht gefolgt von Zeit- und Selbstmanagement. Rollenfindung und Rollenklarheit sowie Stressmanagement bilden den zweiten Block.

▣ Abb. 5.23   Anlässe im Bildungscoaching (eigene Darstellung) ©

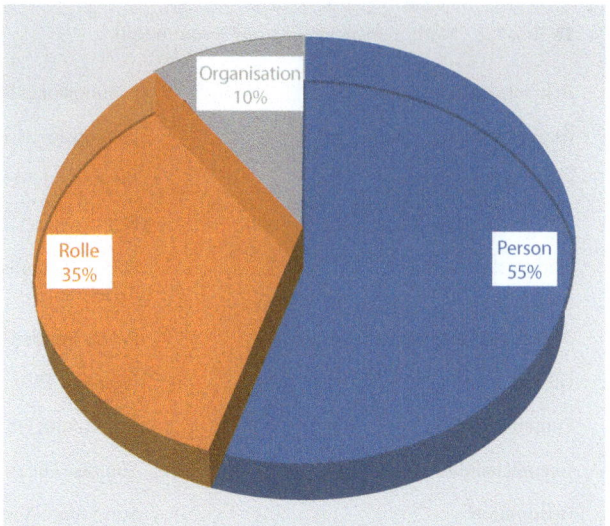

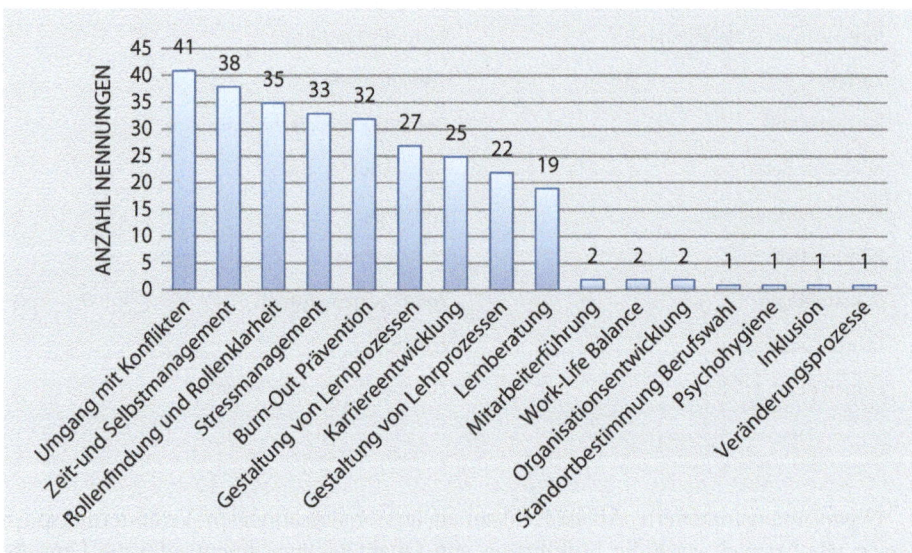

▣ Abb. 5.24   Themen im Bildungscoaching (eigene Darstellung) ©

▪ **Aufteilung der Themen nach beruflichen und privaten Inhalten**

Befragt nach der Aufteilung gaben die meisten Coaches an, dass in den Coachings sowohl berufliche als auch private Themen eingebracht werden (▣ Abb. 5.25). Der Schwerpunkt liegt jedoch erwartungsgemäß auf beruflichen Themen.

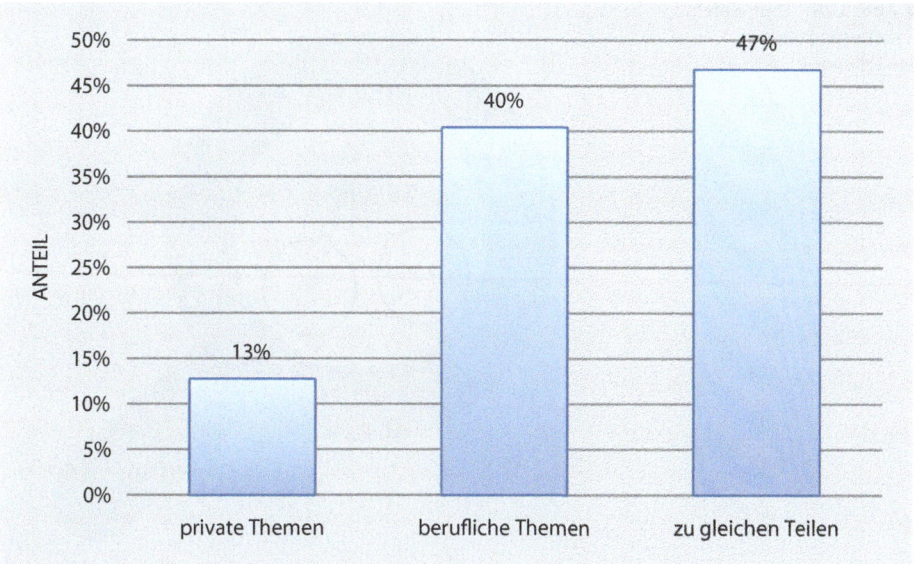

◧ **Abb. 5.25**   Themenbereiche (eigene Darstellung) ©

5.4 Finanzierung

Coaching ist eine Form der Einzelberatung und bedarf der Finanzierung seitens einer Person oder einer Institution (◧ Abb. 5.26). Um die finanziellen Rahmenbedingungen zu ermitteln, haben wir sowohl nach den Kostenträgern als auch nach den realisierten Preisen für Privatkunden und Organisationen gefragt.

■ **Kostenträger**

In unserer Frage haben wir die Organisation, in der der Coachee arbeitet und eine mögliche übergeordnete Institution separat abgefragt, da insbesondere in der Schul- und Hochschullandschaft Finanzierungsmöglichkeiten über Länder- oder Bundesbudgets bestehen. Die Auswertung zeigt, dass Coaching bereits zu mehr als zwei Drittel durch den Arbeitgeber oder eine übergeordnete Stelle finanziert wird (◧ Abb. 5.27).

■ **Preise für Privatkunden und Organisationen**

Abgefragt wurden die Preise für eine Coachingstunde von 60 Minuten.

Preislich (◧ Abb. 5.28) macht es kaum einen Unterschied, durch wen das Coaching bezahlt wird. Die häufigsten Nennungen von Preisen für eine Coachingstunde (60 Minuten) liegen zwischen 100 Euro und 150 Euro.

Bei Organisationen steigt das Preisniveau leicht an. Der Mittelbau zwischen 51 Euro und 150 Euro verliert, einerseits zu Gunsten von höheren Preise und andererseits zu Gunsten des Ehrenamts. Als gewichtete Mittelwerte ergeben sich damit 109,83 Euro als organisationsbezahlter Preis für eine Coachingstunde und 103,68 Euro für eine privat bezahlte Coachingstunde (◧ Abb. 5.29).

Middendorf und Salamon geben im Vergleich dazu an, dass eine durchschnittliche Coachingstunde bei einem männlichen Coach 193,25 Euro unternehmensbezahlt und 132,80 Euro für Privatzahler kostet. Bei einer weiblichen Coach kostet eine unterneh-

5

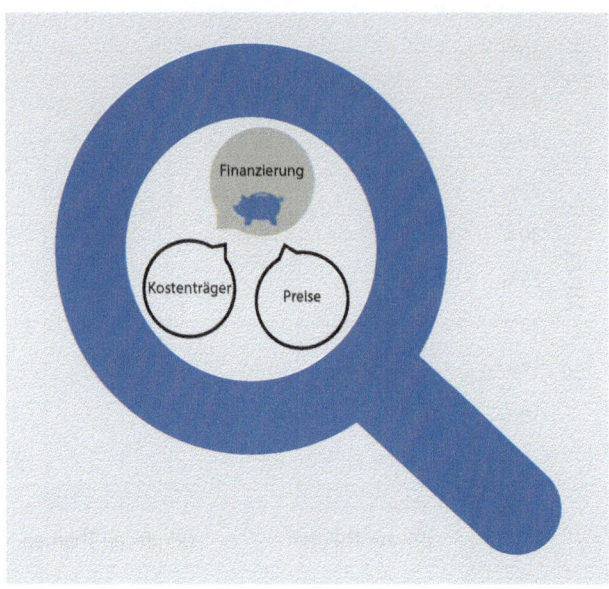

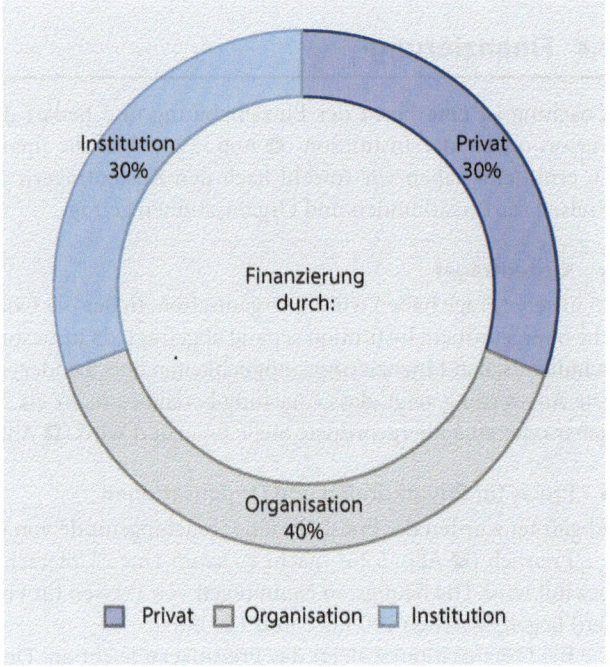

mensbezahlte Coachingstunde durchschnittlich 176,68 Euro und eine privat bezahlte
Coachingstunde 123,50 Euro (Middendorf und Salamon 2018).

Die Differenz zu den von uns erhobenen Preisen resultiert vermutlich aus dem vergleichsweise niedrigeren Gehaltsniveau und den budgetären Einschränkungen in der
Bildungsbranche.

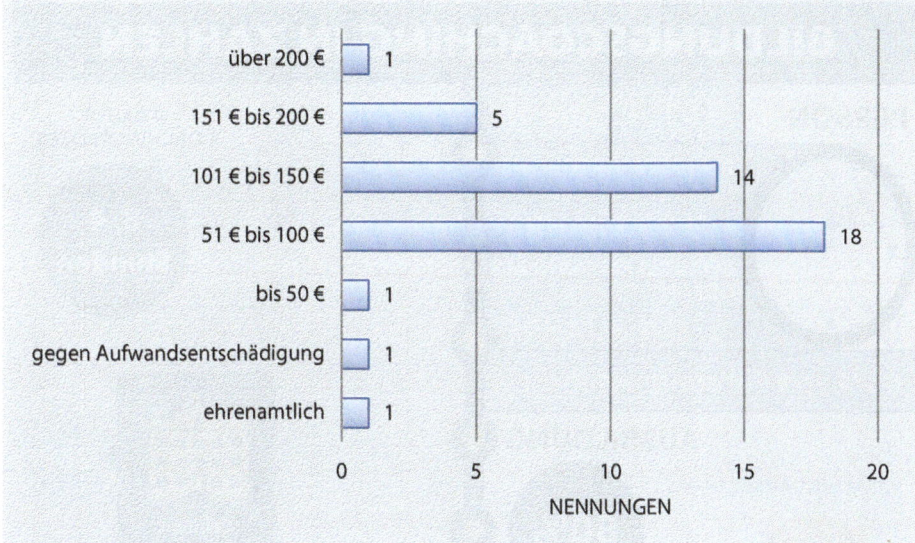

⊡ **Abb. 5.28** Preise für Privatkunden (eigene Darstellung) ©

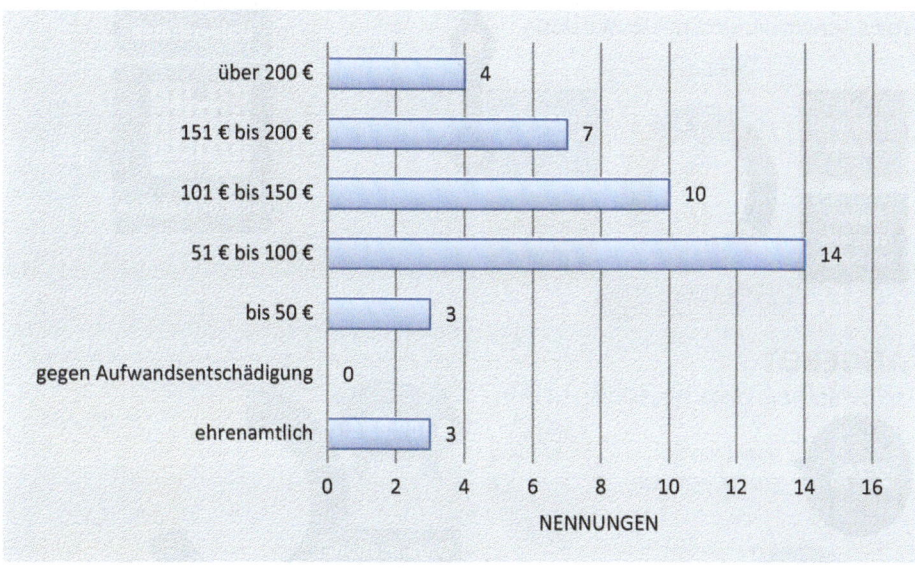

⊡ **Abb. 5.29** Preise für Organisationen (eigene Darstellung) ©

5.5 Zusammenfassung

Die Durchführung der Umfrage zeigt Rahmendaten der Sparte „Bildungscoaching"
(⊡ Abb. 5.30). Zum Vergleich konnten teilweise Daten aus einer Studie von Middendorf
und Salomon (Middendorf und Salamon 2018) herangezogen werden.

5

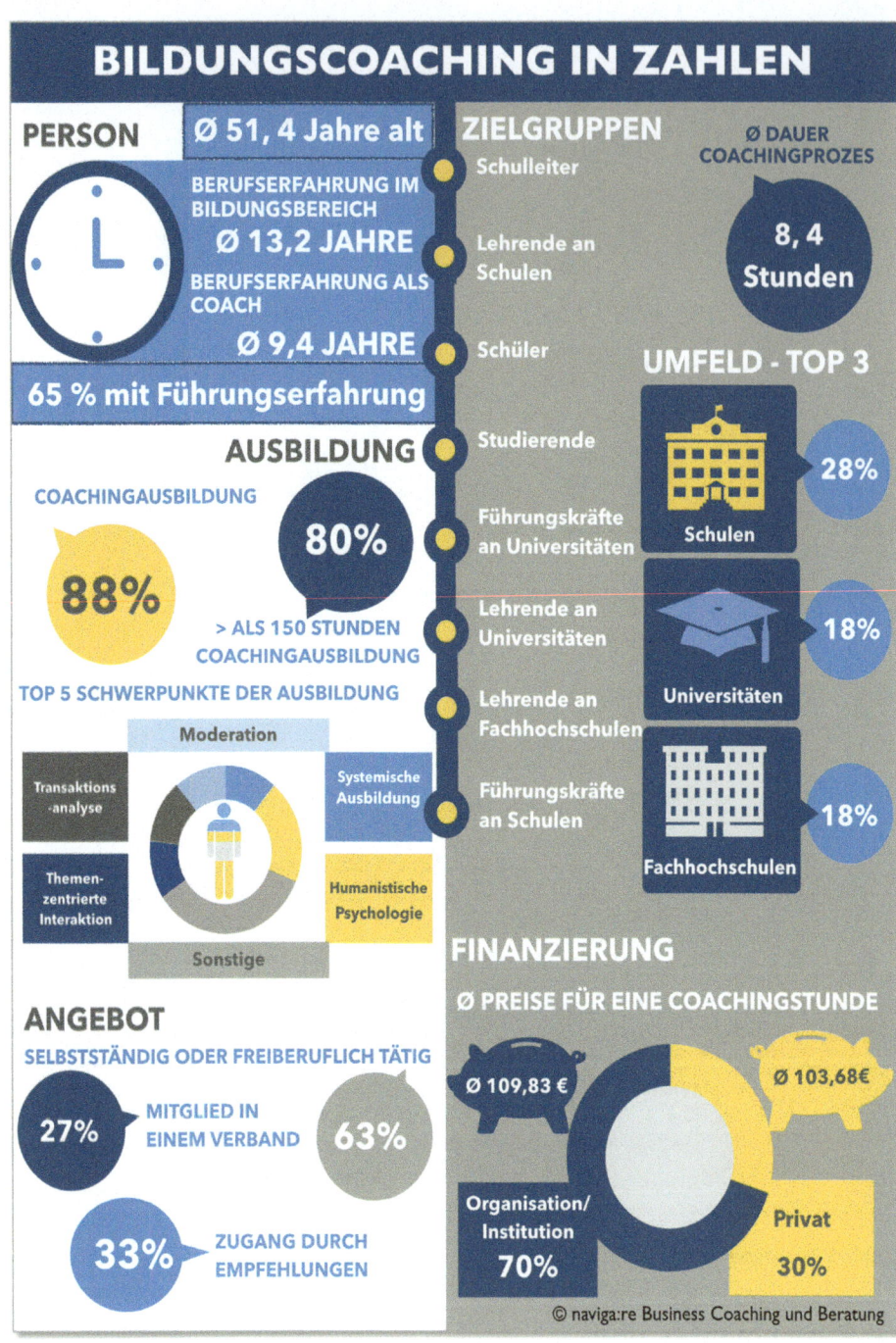

Abb. 5.30   Bildungscoaching in Zahlen (eigene Darstellung) ©

Parallelen können hinsichtlich des Alters der Coaches und der Berufserfahrung im Feld gezogen werden. Bei der Berufserfahrung im Coaching ermitteln Middendorf und Salomon eine Erfahrungsdauer von durchschnittlich 13 Jahren. Bei Bildungscoaches liegt diese bei 9,7 Jahren. 88 % der Bildungscoaches haben eine Coachingausbildung, der Großteil davon (80 %) durchlief eine Ausbildung mit mehr als 150 Stunden. Bei der Auswahl der Ausbildungen liegt die Systemische Ausrichtung im Trend, gefolgt von Ausbildungen mit dem Schwerpunkt aus der Humanistischen Psychologie. Ähnlich wie im allgemeinen deutschen Coachingmarkt sind die meisten Coaches selbstständig oder freiberuflich tätig.

Literatur

Lippmann, E. (Hrsg.). (2013). Grundlagen auf der Basis eines systemisch-lösungsorientierten Beratungsansatzes. In *Coaching: angewandte Psychologie für die Beratungspraxis* (3., überarb. Aufl., S. 13–52). Berlin/Heidelberg: Springer. Zugegriffen am 07.06.2017.

Middendorf, B., & Salamon, L. (2018). 16. Coaching-Umfrage: Der Markt stagniert. *Wirtschaft und Weiterbildung, 5*, 34–37.

Philipps-Universität Marburg Innovationsforschungsstelle, & Deutscher Bundesverband Coaching e. V. (Hrsg.). (2013). Zusammenfassung Coaching-Marktanalyse 2013. https://coach-trainer-akademie.ch/fileadmin/user_upload/pdf/Coaching_Studie_Uni_Marburg_2013.pdf. Zugegriffen am 18.07.2017.

Roundtable der Coachingverbände. (2014). Profession: Coach. Ein Commitment des Roundtable der Coachingverbände. https://www.roundtable-coaching.eu/wp-content/uploads/2015/03/RTC-Profession-Coach-2015-03-19-Positionspapier.pdf. Zugegriffen am 14.08.2018.

Stiftung Warentest. (Hrsg.). (2013). Coachen im beruflichen Kontext. Was eine gute Einstiegsqualifizierung bieten sollte. https://www.test.de/Coachen-lernen-Was-ein-guter-Lehrgang-fuer-Einsteiger-bieten-sollte-4605169-0/. Zugegriffen am 7.04.2018.

Qualität im Bildungscoaching

© Springer Fachmedien Wiesbaden GmbH, ein Teil von Springer Nature 2019
G. Matthes, H. Garczorz, *Bildungscoaching*, https://doi.org/10.1007/978-3-658-23918-3_6

6

Theorie und Praxis klaffen auch im Bereich des Bildungscoachings teilweise weit auseinan-
der. Die Ansprüche an Qualität und Professionalität von Coachingleistungen sind je nach An-
bieter, Umfeld oder Adressat breit gefächert. Es gibt Ansätze zur Professionalisierung, aber
keine verbindlichen Standards oder Evaluationsinstrumente. Wie kann ein Klient zwischen
professionellen und semiprofessionellen Beratungsformaten unterscheiden? Über welches
wissenschaftliche Wissen und handlungspraktische Können sollte ein Bildungscoach verfü-
gen? Das vorliegende Kapitel behandelt Fragen rund um das Thema Qualität im Bildungs-
coaching.

6.1   Qualitätsdimensionen und Evaluation

Bei der Betrachtung von Qualität im Bildungscoaching lohnt sich zunächst ein Blick auf
die verschiedenen Dimensionen der Qualitätssicherung: Strukturqualität, Prozessqualität
und Ergebnisqualität (Heß und Roth 2012, S. 63), wobei diese in Zusammenhang stehen
und sich gegenseitig beeinflussen (◘ Abb. 6.1).

Dabei sollte eine alleinige Fokussierung auf die Ergebnisqualität vermieden werden,
also nicht nur das, „was unter dem Strich dabei rauskommt", sollte in der Evaluation betrachtet werden, sondern auch die Strukturqualität und die Prozessqualität, denn diese
stellen im Hinblick auf die Professionalität des Coachings einen Wert an sich dar (Heß
und Roth 2012, S. 64).

Eine gute *Strukturqualität* bildet die Basis für erfolgreiche Coachings. Strukturqualität
definiert sich zum einen über die Kompetenzen und fachliche Qualifikation des Coaches,
enthält aber auch Anforderungen an die Ausstattung und die Einhaltung von ethischen

oder organisatorischen Vorgaben. Daher gehört insbesondere im Bildungsbereich, in dem häufig mit Minderjährigen gearbeitet wird, eine klare Positionierung gegen Psycho- und Sozialtechnologie (Scientology) (Loebbert 2012, S. 37) zu den Elementen der Struktur-qualität. Der Bereich der Strukturqualität umfasst darüber hinaus auch die Schaffung einer tragfähigen Arbeitsbeziehung zwischen Coach und Coachee (Heß und Roth 2012, S. 65).

Zur *Prozessqualität* gehören beispielsweise die Strukturierung des Prozesses in Phasen, der Umfang der Einbeziehung der Klienten, das Setting und die Wahl der Methoden. Im Coaching ist der Coach für den Prozess verantwortlich. Teilweise wird ihm diese Verant-wortung bei Coachings im Bildungsbereich auch durch eine Voll- oder Teilstandardisie-rung seitens der Entwickler und Projektleitungen in den Organisationen (▶ Abschn. 3.6.1 und ▶ 4.6.3) abgenommen. Dennoch muss der Coach sich aufgrund der Individualität jedes Coachingprozesses flexibel an die Bedürfnisse des Coachees und die Entwicklungen im Verlauf des Prozesses steuernd anpassen (Heß und Roth 2012, S. 66). Dafür benötigt er eine entsprechende Expertise und Erfahrung (Strukturqualität).

Die Evaluation der Prozessqualität stellt sich häufig schwierig dar, da aufgrund der Anforderungen eines Coachingprozesses an die besondere Beziehungsqualität und Ver-traulichkeit in den seltensten Fällen ein direkter Einblick von außen in den laufenden Prozess genommen werden kann. Hier leisten Supervisionen und Intervisionen einen Beitrag als Instrumente der Qualitätssicherung (Loebbert 2012, S. 36) und zwar sowohl im Hinblick auf die Sicherung der Struktur- als auch der Prozessqualität (Heß und Roth 2012, S. 66).

Die Beurteilung der *Ergebnisqualität* im Bildungscoaching ist sowohl abhängig von den Beurteilungskriterien als auch vom Zeitpunkt der Befragung. Bereits die Definition von Kriterien kann von Untersuchung zu Untersuchung unterschiedlich ausfallen. Dabei können beispielsweise Zufriedenheit mit dem Prozess, Steigerung der Selbstwirksam-keitserwartung, Umgang mit Stress oder der Grad der Zielerreichung Themen der Eva-luation sein, je nachdem welche Anlässe und Themen dem Coaching zugrunde liegen und welche Ziele erreicht werden sollen. In der Regel existieren keine allgemeingültigen Auswertungs- und Evaluationsverfahren, sodass ein Vergleich der Ergebnisse erschwert oder gar unmöglich ist.

Fast alle Teilnehmer unserer Umfrage evaluieren ihre Coachings und setzen dafür verschiedene Formate der Evaluation ein (▶ Abschn. 5.3). Die gängigste Evaluationsmethode ist das Abschlussgespräch, wahlweise mit dem Coachee allein oder in der Triade mit dem Coachee und dem Auftraggeber, dicht gefolgt von einem eigenen Evaluationsbogen.

Beispiel: Beispiel Evaluation

In der Struktur des Landesinstituts für Lehrerbildung und Schulentwicklung erfolgt die Rückmeldung über ein 5-Sterne System, welches der Coachee zunächst ausfüllt und im Gespräch kurz erläutern kann.

6.2 Setting

Die Auswahl des Settings gehört in den Rahmen der Prozessqualität. Idealerweise erfolgt die Wahl des Settings in Abhängigkeit von den zu behandelnden Anliegen der Coaches (◘ Abb. 6.2). In der Praxis der von Bildungseinrichtungen angebotenen Coachings wird aus ökonomischen Gründen häufig in Gruppen- oder Peercoaching-Settings gearbeitet. In diesem Fall sollte die Themenwahl und inhaltliche Tiefe dem Setting angepasst werden, insbesondere dann, wenn die Gruppe spontan und befristet gebildet wird.

■ **Einzelcoaching**

Im Einzelcoaching arbeiten Coach und Klient persönlich, telefonisch oder über ein Videokonferenz-Tool zusammen. Einzelcoachings erlauben einen hohen Grad an Individualität. Der dyadische Rahmen, die Beratung „unter vier Augen", stellt eine besondere Form der Vertraulichkeit her (Kühl 2008a, S. 66 ff.). Er bietet die Möglichkeit, auf die spezifischen, auch persönlichen, Themen der Klienten einzugehen, der Einsatz kann situativ erfolgen und die Methodenauswahl ist passgenau und individuell. Wenngleich auch dieser Prozess in Phasen abläuft, gehen diese situativ ineinander über und sind mehr oder weniger ausgeprägt, da hier der Fokus auf der individuellen Lösungsfindung liegt.

■ **Gruppencoaching**

Im Bildungskontext werden aufgrund von finanziellen und strukturellen Rahmenbedingungen häufig Gruppensettings im Coaching eingesetzt. Unter Gruppencoaching werden alle Formate gefasst, die kein Einzelcoaching darstellen. Auch eine Lehrkraft vermag als Coach zu fungieren, wenn er sich seiner Rolle und Zielsetzung bewusst ist und seine Methodenauswahl gezielt darauf abgestimmt ist. Im Gruppencoaching bilden Personen ohne Funktions-

Peercoaching   Einzelcoaching   Gruppencoaching

◘ **Abb. 6.2**   Settings im Coaching (eigene Darstellung) ©

zusammenhang durch ihr gemeinsames Anliegen eine Gruppe (Ebner 2014, S. 37) oder befinden sich in einer vergleichbaren Arbeitssituation (Kühl 2008b, S. 482). In verschiedenen Studien wurden coachingbasierte Unterrichtsmethoden evaluiert und zur Verbesserung der Unterrichtsqualität und der Lernerfolge eingesetzt. Im Kontext von Schulleitercoachings wurde beispielsweise im Rahmen einer evaluierten Maßnahme gezielt ein Gruppensetting gewählt. Ziel des Coachings war es, kollegiales Lernen auf Führungsebene zu ermöglichen und die Identifikation mit der Arbeit zu erhöhen (Drexler et al. 2009, S. 235).

Eine besondere Form des Gruppencoachings stellt das *Teamcoaching* dar. Dieses Format richtet sich an Teams, die als institutionalisiertes Subsystem einer Organisation dauerhaft oder für die Dauer eines Projekts zusammenarbeiten und gemeinsame Ziele erreichen möchten (Lippmann 2013, S. 91) Dabei sind die Ziele eher auf das Team oder die Gesamtorganisation, weniger auf den Einzelnen, ausgerichtet. Das Setting kann in Bildungseinrichtungen zum Beispiel beim Coaching von Arbeits- oder Projektgruppen im Rahmen von Teamentwicklungsmaßnahmen zum Einsatz kommen.

Gruppencoaching erlaubt einen gewissen Skaleneffekt der Beratung, da mehrere Personen gleichzeitig von einem Coach durch den Coachingprozess begleitet werden. Dieser Prozess ist eher standardisiert und erlaubt weniger individuellen Spielraum. Vorteile können aus der Vielzahl der in der Gruppe existierenden Perspektiven und dem durch die Identifikation mit der Gruppe entstehenden sozialen Druck, der die Verbindlichkeit der Absprachen erhöhen kann, resultieren (Kühl 2008b, S. 484 ff.).

■ **Peer Coaching**

Peer Coaching ist ein Einzel- oder Gruppensetting mit der Besonderheit, dass sich zwei Personen, die sich weiterentwickeln möchten, gegenseitig coachen. Mögliche Konstellationen können dabei Schüler/Schülerin, Mentorin/Mentee, Lehrerin/Lehrer oder Studierende/Studierender sein, wobei auch Peers auf unterschiedlichen hierarchischen Ebenen tätig sein können. In diesem Fall muss das Thema jedoch unabhängig von der Hierarchie bearbeitbar sein. So können beispielsweise ein Professor und ein Postdoc in einem Tandem mit dem Ziel der Professionalisierung der Lehre zusammenfinden (▶ Abschn. 4.6.2). Dabei sollte der Coach besonders darauf achten, dass das Coaching durch alle Beteiligten freiwillig begonnen und durchgeführt wird und auf Augenhöhe stattfindet.

Die Bildung von Peers kann begleitend zu bestehenden Entwicklungsprogrammen eingesetzt werden, um den Lernerfolg, das Durchhaltevermögen und die Motivation zu verbessern. Eine Besonderheit des Peer-Coachings ist der Einsatz von studentischen Peer-Coaches. Hierbei coachen sich die Teilnehmer nicht gegenseitig, sondern werden von einem speziell ausgebildeten kollegialen Peer-Coach in einem Gruppensetting gecoacht (▶ Abschn. 4.6.3).

■ **Selbst-Coaching**

Im Selbst-Coaching übernimmt der Coachee eine Doppelrolle: er ist Coach und Klient zugleich. Eine Voraussetzung dafür ist, dass er eine fundierte methodische Anleitung erhält, um seine Verhaltensweisen, Werte und Einstellungen zu reflektieren, Perspektivwechsel vorzunehmen oder Probehandlungen mental durchzuspielen.

Ungeachtet der Fragestellung, ob und in welchem Umfang das Setting einen Nutzen für die Klienten bieten kann, wächst die Zahl der Selbstcoaching-Literatur bis hin zu digitalen Angeboten wie Selbst-Coaching-Apps stetig. Dabei bleibt die Transparenz gewahrt, wenn die, den beschriebenen Methoden zugrundeliegende, theoretische Basis klar definiert ist und ein direkter Praxisbezug hergestellt werden kann.

Beispiel: Selbstcoaching

Ein Schulberater hat ein Selbst-Coaching-Buch für Schulleitung auf Basis der Humanistischen Psychologie, des Konstruktivismus und der Systemtheorie verfasst. Die Kapitel sind nach Bereichen gegliedert, die sich aus seiner Erfahrung in der Arbeit mit Schulleitern und Schulleiterinnen als relevant erwiesen habe, wie z. B. Führung, Motivation, Personalentwicklung, Beurteilungen oder Grenzen und bieten neben Aufgaben auch Anleitung zur Selbstreflexion sowie Hintergrundinformationen (Miller 2003, S. 11 ff.).

6.3 Qualifikation des Coaches

Um ohne Vorbereitung eine unerwartete komplexe und herausfordernde Situation zu bewältigen, benötigen Menschen, aber auch Gruppen und Organisationen situationsangepasste Kompetenzen. Qualifikationen gelten als Grundlage der Kompetenzentwicklung, ihr Erwerb wird häufig mit der Erreichung von Lernzielen im Rahmen einer dokumentierten Ausbildung assoziiert (von Rosenstiel 2012, S. 116).

Beispiel: Kompetenz

In der Matheprüfung haben Sie erfolgreich unter Beweis (Prüfungssituation) gestellt, dass Sie den Dreisatz beherrschen. Das bedeutet jedoch nicht automatisch, dass Sie diesen zukünftig in jeder Situation fehlerfrei (Kompetenz) anwenden werden.

Ähnlich mag es für Coaches gelten, die in einer Prüfungssituation zwar brillieren, in der Umsetzung im Berufsalltag aber vor Herausforderungen stehen, bei denen es ihnen nicht gelingt, ihr Wissen zur Anwendung zu bringen. In diesem Kapitel wird ein Fokus auf die Kompetenzen gelegt, die ein Bildungscoach mitbringen sollte. Dazu gehört auch der professionelle Umgang mit der eigenen Rolle.

■ **Rollen und Rollenkompetenz**

Bildungscoaches können sowohl innerhalb als auch außerhalb der Organisation beheimatet sein. Externe Coaches werden häufig von Privatpersonen beauftragt. Der externe Coach hat einen eher unvoreingenommenen Blick, kennt die Organisation oder Einrichtung nicht unbedingt von innen und kann sich in seiner Rolle klar abgrenzen. Er wird als „kulturneutral" (Schreyögg 2012, S. 37 ff.) wahrgenommen. Diese Kulturneutralität wirkt sich insbesondere positiv aus, wenn der Anlass eines Coachings zur Bewältigung von persönlichen oder organisationsinduzierten Krisen geprägt ist. Dann können vom Klienten leichter Themen angesprochen werden, die intern als Irritationen wahrgenommen oder den Zielsetzungen der Organisation entgegenstehend empfunden würden.

Beispiel: Kulturneutralität

F. ist Studierender in einem Masterstudiengang an einer privaten Fernhochschule. Nachdem er hoch motiviert in sein Studium gestartet ist, werden in seinem Unternehmen strukturelle Veränderungen vorgenommen und er erhält die Aufstiegschance, die er sich erst mit Erreichen des Masterabschlusses erhofft hatte. Da er sich in seiner neuen Position nun beweisen will, gerät sein Fernstudium ins Hintertreffen und er überlegt, das Studium abzubrechen. Er sucht einen neutralen externen Coach auf, um diese Entscheidung gründlich zu reflektieren und entscheidet sich bewusst gegen ein Coachingangebot des Studierenservices seiner Hochschule, da er vermutet, dass konstellationsbedingt in diesem Fall keine neutrale Betreuung zu erwarten ist.

Externe Coaches werden auch für das Coaching von Führungspersonen hinzugezogen, wenn die Befürchtung besteht, dass Führungskräfte nach innen als inkompetent wahrgenommen werden, wenn das Coaching in der Organisation bekannt wird (Schreyögg 2012, S. 220). Wenn es darum geht, die Performanz und Ausgestaltung der eigenen Rolle als Führungskraft zu verbessern und sich Feedback einzuholen, kann der Einsatz eines externen Coaches sinnvoll sein, da es auch in bildungsbezogenen Organisationen mit zunehmender Hierarchiestufe abnehmendes konstruktives Feedback gibt. In Abhängigkeit von Anlässen und Themen eines Coachings vermag die fehlende Feldkompetenz ein Nachteil bei externen Coaches sein.

Sofern die Coachings von Bildungsträgern finanziert werden, werden oftmals aus ökonomischen Gründen interne Coaches eingesetzt. Dabei gibt es zwei Ausprägungen (Schreyögg 2012, S. 221):

- Der Vorgesetzte als Coach: Die Führungskraft nutzt Methoden aus dem Coaching als Führungsinstrumentarium, wobei es in der Regel um eine bewusste Führungshaltung geht. Coaching kann auch als spezifische Form der Personalentwicklung eingesetzt werden (Schulleiter als Coach ▶ Abschn. 4.1).
- Der organisationsinterne Coach: Der Coach ist zwar Teil der Organisation, jedoch steht er in keinerlei Arbeitsbeziehung zu seinem Coachee, sodass hier keine Bloßstellungsängste oder negativen Beurteilungen zu befürchten sind. In der Regel ist er in einer Stabsstelle tätig, beispielsweise als Mitarbeiter im Personalbereich.

Wenn ein Lehrer oder Vorgesetzter als Coach auftritt, ist die Komponente der Beurteilung im Coaching häufig nicht ganz auszublenden und verhindert gegebenenfalls eine Beziehung auf Augenhöhe. Demnach können Vertrauenslehrer und Führungskräfte nur dann eine tief greifende und offene Coachingatmosphäre herstellen, wenn sie nicht für eine Benotung oder Bewertung zuständig sind (Greif 2008, S. 166).

Daher sind auch im Feld des Bildungscoachings Rollenreflektion, Rollenklarheit und Rollenmanagement unabdingliche Voraussetzungen für einen gelingenden Coachingprozess. Dazu gehört auch die Kenntnis von Modellen und Konzepten der Persönlichkeits- und Kompetenzentwicklung, der Selbstklärung und der Orientierung in Berufs- und Organisationsfragen (Veith und Veith 2014, S. 57 ff.).

■ **Fachlich-methodische Kompetenzen**
Hierzu zählen fachinhaltliche und methodische Kenntnisse, Fertigkeiten und Fähigkeiten aus Allgemeinwissen, Spezialwissen sowie Methodenwissen. Diese Kompetenzen befähigen dazu, Situationen und Probleme zu erkennen, zu analysieren, zu beurteilen und Lösungen zu erarbeiten.

Beispiele: Fachlich-methodische Kompetenzen
- Fachliche Kompetenzen: Ausbildungen und Abschlüsse, Computerkenntnisse, Handwerke, betriebswirtschaftliche Kenntnisse, Zeichnen, Texte verfassen, Sprachenkenntnisse.
- Methodische Kompetenzen: Aufgaben und Arbeiten planen, ausgeprägtes Problemlöseverhalten, systematisches Arbeiten, Moderation von Gruppen, Sitzungen nachvollziehbar protokollieren, Prozesse organisieren, Zeitmanagement (Lang-von Wins und Triebel 2012, S. 94).

6

Die Frage nach der Notwendigkeit und Tiefe der fachlichen Kompetenz eines Coaches ist aus der Diskussion zu den fachlichen Kompetenzen von Businesscoaches bekannt: Die stark polarisierende Debatte, ob ein Businesscoach aus einer wirtschaftswissenschaftlichen Heimatdisziplin stammen muss, um den Kontext von Wirtschaft und Unternehmen en détail zu kennen, oder ob der „unvoreingenommene" Blick eines in der Psychologie beheimateten Coaches zu besseren Ergebnissen im Business Coaching führt, ist nicht abschließend geführt. Betrachtet man das Thema aus der Metaperspektive (Webers 2014, S. 36 f.), ist festzustellen, dass die Wahrheit zwischen den Positionen liegt: Die Grundzüge und Strukturen der Wirtschaftswelt und von Unternehmen sollten einem Businesscoach nicht vollständig fremd sein. Er sollte Abläufe, Prozesse, Arbeitsformen und Konzepte aus Unternehmens- und Personalführung prinzipiell kennen. Auf Bildungscoaching übertragen, besteht also keine zwingend notwendige Voraussetzung, dass ein Bildungscoach aus dem pädagogischen, universitären, schulischen oder wissenschaftlichen Theorie- oder Praxisfeld kommt. Dennoch ist es als hinreichend erforderlich anzusehen, die Strukturen der Bildungslandschaft sowie die Abläufe und Herausforderungen des Arbeitsumfeldes der Zielgruppe zu kennen. Dies kann aufgrund der eigenen Karriere in Form von persönlichen Erfahrungen ebenso erreicht werden wie durch ein einschlägiges Studium mit entsprechend anschlussfähiger Laufbahn.

Darüber hinaus ist es notwendig, zumindest über pädagogisches Basiswissen zu verfügen. Schließlich erwarten Lernende Unterstützung in ihrer lernspezifischen Weiterentwicklung (Hardeland 2016, S. 117).

Hierzu gehören Kenntnisse über:
- menschliches Lernen
- lernbeeinflussende Faktoren
- Lerntypen
- Lernstrategien
- Motivation
- Stress

In Bildungseinrichtungen wird bei der Auswahl zumeist darauf geachtet, dass die Coaches eine akademische Ausbildung besitzen und zusätzlich eine fundierte Weiterbildung im Trainings- und/oder Coachingbereich nachweisen können (Weisweiler et al. 2011, S. 332). Daher gehören in den Bereich der fachlich-methodischen Kompetenzen auch eine inhaltlich valide und zeitlich umfangreiche Coachingausbildung (▶ Tab. 5.1) und, um im akademischen Umfeld als kompetenter Ansprechpartner wahrgenommen zu werden, ein akademischer Studienabschluss. Eine externe Bestätigung der fachlich-methodischen Qualität des Coaches wird beispielsweise durch die Mitgliedschaft in einem Coachingverband vermutet.

Neben den fachlichen Kompetenzen sind methodische Kompetenzen unabdingbar; sicherlich ist es möglich, im Selbststudium von Coaching-Tool-Sammlungen eine Vielzahl von Tools und Methoden zu erlernen. Jedoch fehlt ohne das Wissen über ihre Herkunft, über ihre Risiken und Nebenwirkungen der Kontext und das Hintergrundwissen, um verantwortungsvoll entscheiden zu können, ob eine Methode zu Klient und Situation passt oder nicht, denn: „A fool with a tool is still a fool" (Loebbert 2012, S. 34).

Demzufolge sind theoretisch fundierte methodische Kompetenzen, die durch die Inhalte grundständig psychologisch, pädagogisch oder soziologisch ausgerichteter Studiengänge, therapeutischer Ausbildungen oder durch anerkannte Coachingausbildungen erworben werden können, die Basis des fachlich-methodischen Handelns eines Bildungscoaches. Die Ergebnisse der von uns durchgeführten Befragung (▶ Kap. 5) haben dies bestätigt.

■ **Sozial-kommunikative Kompetenzen**

Sozial-kommunikative Kompetenzen zeigen sich in Verhaltensweisen, die das soziale Zusammenleben gestalten. Damit bezieht sich diese Kompetenzklasse darauf, sich gruppen- und beziehungsorientiert verhalten zu können. Hierzu gehört es, soziale Normen zu kennen und sich darauf einzustellen. Dieser Prozess der Anpassung gelingt durch Empathie, Kommunikations-, Kooperations- und Konfliktfähigkeit (Webers 2014, S. 35).

Beispiele: Sozial- kommunikative Kompetenzen
Sozial-kommunikative Kompetenzen: in der Gruppe Verantwortung übernehmen, Kooperationsfähigkeit, Anpassungsfähigkeit, schnell Beziehungen aufbauen können, Durchsetzungsvermögen, Einfühlungsvermögen, gemeinsam eine Aufgabe lösen, andere in eine Gruppe integrieren (Lang-von Wins und Triebel 2012, S. 94 f.).

Der gesamte Coachingprozess, von der Anbahnung bis zur Evaluation, besteht aus der sozialen Interaktion von Coach und Coachee. Der Coach ist dafür verantwortlich, den Beziehungsaufbau professionell zu gestalten (Hardeland 2016, S.65) und aktiv zu steuern (Sachse 2016, S. 15). Je nach Kontext wird diese bilaterale soziale Verbindung durch einen übergeordneten Auftraggeber, wie beispielsweise den Eltern eines Schülers oder durch einen weiteren Akteur (z. B. Lehrer, Lernberater) ergänzt, sodass beispielsweise eine Dreiecks- oder Vierecksverbindung entsteht. Jede dieser Konstellationen bedarf der sorgfältigen Handhabung von Beziehungs- und Sachebene. Während die Verbindung zum Auftraggeber in der Regel vorwiegend sachlicher Natur sein wird, spielt in der Verbindung zum Coachee die Beziehungsebene eine bedeutende Rolle, da die Beziehungsgestaltung im Hinblick auf Vertrauen und Empathie für den Prozesserfolg maßgeblich ist. Jede dieser sozialen Verbindungen wird durch Kommunikation ausgestaltet. Hierbei geht es darum, adressatengerecht auszuwählen, welcher Kommunikationskanal für welche Information auf welche Weise und mit welchem Ziel auf den Weg gebracht wird. Ein Coach muss demnach ein Höchstmaß an sprachlicher Sorgfalt an den Tag legen und über ein breites kommunikationspsychologisches Spektrum verfügen. Da Kommunikation ad hoc passiert und nicht detailgenau planbar ist, ist diese Kompetenzklasse für Coaches die Königsdisziplin und wird von den Erfahrungen des Coaches gespeist.

■ **Personale Kompetenzen**

Zu den personalen Kompetenzen zählen die Fähigkeiten der Selbstreflexion, Selbstregulation und der Selbstkenntnis. Sich zu kennen bedeutet, die persönlichen Einstellungen, Werthaltungen, Motive und Selbstbilder zu entwickeln und Talente, Motivationen und Ziele voranzutreiben. Gleichermaßen gehört dazu, die eigenen Emotionen und Affekte zu regulieren, sich selbst zu reflektieren sowie bereit zu sein, kontinuierlich zu lernen und seine Persönlichkeit weiterzuentwickeln.

Ein Coach sollte in der Lage sein, sich und seine Kompetenzen realistisch einzuschätzen und damit umzugehen. Die eigenen Stärken und Schwächen zu kennen, sie situativ einzusetzen und seine Grenzen benennen zu können, ist ein Teil der personalen Kompetenz, die entscheidend zum Coachingerfolg beiträgt.

Daneben gehören Frustrationstoleranz, Konfrontationsbereitschaft und Autorität zu der Gruppe der personalen Kompetenz. Coachingprozesse durchlaufen Höhen und Tiefen; sich dieser bewusst zu sein und mit den einhergehenden eigenen Emotionen und denen des Coachees umzugehen, bedarf Führung und Standfestigkeit im Vorgehen, die in einem ausgewogenen Verhältnis mit Empathie sowie einem authentischen Interesse an dem Anliegen des Coachees stehen sollte.

Darüber hinaus sind professionelle Loyalität zum Coachee und persönliche Integrität Eigenschaften, die eine werthaltige konstruktive Gesprächsatmosphäre im Coaching entstehen lassen. Diese Kompetenzen münden schlussendlich in einer klar definierten Rolle und der entsprechenden Rollenperformanz, was sich in den Ergebnissen unserer Befragung der Bildungscoaches widerfindet.

Ergänzend dazu zählen die Themen „innere Haltung" und „interkulturelle Kompetenz" laut unserer Befragung ebenfalls zu den geforderten personalen Kompetenzen.

Beispiele: Personale Kompetenzen

Personale Kompetenzen: Anpassungsbereitschaft, Ausdauer, Belastbarkeit, Begeisterungsfähigkeit, eigenverantwortliches Handeln, Bereitschaft zur Selbstentwicklung, eigene Entscheidungen treffen (Lang-von Wins und Triebel 2012, S. 95).

■ **Feldkompetenz**

In der Fachliteratur werden zwei weitere Kompetenzklassen aufgeführt: *Theoriekompetenz* und *Feldkompetenz* (Nicolaisen und Pallasch 2010, S. 116; Pallasch und Hameyer 2012, S. 125 f.). Danach sollte ein Bildungscoach über ein sehr umfangreiches theoretisches Basiswissen (*Theoriekompetenz*) aus Pädagogik, Psychologie, Soziologie, Anthropologie, Neurophysiologie und spezifische Fachkenntnisse zum Thema „Lernen" verfügen. Unter *Feldkompetenz* verstehen die Autoren berufsfeldbezogene Grundkompetenzen und meinen damit Kenntnisse über die Infrastruktur, die Bedingungen, Organisations- und Personalstrukturen und Kulturen der jeweiligen Bildungseinrichtung, um das Setting von vornherein besser verstehen zu können.

Die Ergebnisse unserer Umfrage (▶ Abschn. 5.1) stützen die Vermutung, dass Feldkompetenz ein Aspekt im Einsatz von Bildungscoaching ist: 88 % der Coaches haben selbst länger als 6 Jahre im Bildungsbereich gearbeitet, 65 % der befragten Personen mit Führungsverantwortung. Bei der Einschätzung, welche Kompetenzen von den Coaches erwartet werden, belegt die Kompetenz „Feldkompetenz" in den Einzelnennungen den dritten Platz, nach „Empathie" und der „Fähigkeit zuhören zu können". Es wird vermutet, dass sich die Zielgruppe im Bildungsbereich eher für einen Coach entscheidet, der die Besonderheiten des eigenen Berufsfeldes kennt. Zudem erleichtern die gute Kenntnis der jeweiligen Hochschule und deren individuelle Kultur den Zugang für den Coach zum Klienten, wobei es bisher keine gesicherten wissenschaftlichen Erkenntnisse dazu gibt, ob darüber hinaus auch ein Nutzen für den Coachingprozess selbst entsteht (Symanski 2016, S. 94 ff.).

Literatur

Drexler, A., Uffelmann, P., Stippler, M., & Möller, H. (2009). Schulleitungscoaching – Konzeption und Ausbildungsevaluation. *Organisationsberatung, Supervision, Coaching, 16*, 35–53. https://doi.org/10.1007/s11613-009-0109-9.

Ebner, K. (2014). *Ohne Klient kein Coaching: der Einfluss von Klienteneigenschaften auf die Wirkung von Coaching*. Berlin: Wissenschaftlicher Verlag Berlin.

Greif, S. (2008). *Coaching und ergebnisorientierte Selbstreflexion: Theorie, Forschung und Praxis des Einzel- und Gruppencoachings*. Göttingen: Hogrefe.

Hardeland, H. (2016). *Lerncoaching und Lernberatung: Lernende in ihrem Lernprozess wirksam begleiten und unterstützen: ein Buch zur (Weiter-)Entwicklung der theoretischen und praktischen (Lern-)Coachingkompetenz* (5., korr. Aufl.). Baltmannsweiler: Schneider Verlag Hohengehren.

Heß, T., & Roth, W. L. (2012). *Professionelles Coaching: eine Expertenbefragung zur Qualitätseinschätzung und -entwicklung* (4. Aufl.). Kröning: Asanger.

Kühl, S. (2008a). *Coaching und Supervision: zur personenorientierten Beratung in Organisationen*. Wiesbaden: Springer.

Kühl, S. (2008b). Dyaden, Gruppen und Teams: Die Rahmungen von Coachings und Supervisionen. *Gruppendynamik und Organisationsberatung, 39*(4), 477–498. https://doi.org/10.1007/s11612-008-0038-7.

Lang-von Wins, T., & Triebel, C. (2012). *Karriereberatung: Coachingmethoden für eine kompetenzorientierte Laufbahnberatung; mit 7 Tabellen* (2., ak. u. erw. Aufl.). Berlin: Springer.

Lippmann, E. (Hrsg.). (2013). Settings. In *Coaching: angewandte Psychologie für die Beratungspraxis* (3., überarb. Aufl., S. 87–106). Berlin/Heidelberg: Springer. Zugegriffen am 07.06.2017.

Loebbert, D. M. (2012). Wie ist Coaching lehrbar? Eckpunkte für eine Coaching-Didaktik. *Das Coaching Magazin, 5*(2), 33–37.

Miller, R. (2003). *Selbst-Coaching für Schulleitungen* (1. Aufl.). Weinheim: Beltz.

Nicolaisen, T., & Pallasch, W. (2010). Lerncoaching – Überlegungen und Erfahrungen. In J. Mägdefrau (Hrsg.), *Schulisches Lehren und Lernen: pädagogische Theorie an Praxisbeispielen* (S. 156–172). Bad Heilbrunn: Verlag Julius Klinkhardt.

Pallasch, W., & Hameyer, U. (2012). *Lerncoaching: theoretische Grundlagen und Praxisbeispiele zu einer didaktischen Herausforderung* (2. Aufl.). Weinheim: Beltz.

Rosenstiel, L. von. (2012). Dispositionen zum selbstorganisierten Handeln entfalten: Wege der Kompetenzentwicklung. In G. Niedermair (Hrsg.), *Kompetenzen entwickeln, messen und bewerten* (S. 103–122). Linz: Trauner.

Sachse, R. (2016). *Therapeutische Beziehungsgestaltung* (2., ak. u. erg. Aufl.). Göttingen: Hogrefe.

Schreyögg, A. (2012). *Coaching: Eine Einführung für Praxis und Ausbildung* (7., überarb. Aufl.). Frankfurt a. M.: Campus.

Symanski, U. (2016). Organisationale Individualitäten von Hochschulen – Sind sie relevant für Coaching-Prozesse? In R. Wegener, S. Deplazes, M. Hasenbein, H. Künzli, A. Ryter & B. Uebelhart (Hrsg.), *Coaching als individuelle Antwort auf gesellschaftliche Entwicklungen* (S. 91–98). Wiesbaden: Springer.

Veith, H., & Veith, T. (2014). Hinführung zum Thema Coachingkompetenzen. In *Professionell coachen. Das Methodenbuch: Erfahrungswissen und Interventionstechniken von 50 Coachingexperten* (S. 53–69). Weinheim: Beltz.

Webers, T. (2014). Hinführung zum Thema Coachingkompetenzen. In *Professionell coachen. Das Methodenbuch: Erfahrungswissen und Interventionstechniken von 50 Coachingexperten* (S. 33–42). Weinheim: Beltz.

Weisweiler, S., Peter, T., Peus, C., & Frey, D. (2011). Personalentwicklung für Wissenschaftler/innen – Professionalisierung von Selbst-, Führungs- und Lehrkompetenzen. *Zeitschrift für Hochschulentwicklung, 6*(3), 325–340.

Serviceteil

© Springer Fachmedien Wiesbaden GmbH, ein Teil von Springer Nature 2019
G. Matthes, H. Garczorz, *Bildungscoaching*, https://doi.org/10.1007/978-3-658-23918-3

Stichwortverzeichnis

The manufacturer's authorised representative in the EU is Springer
Nature Customer Service Centre GmbH, Europaplatz 3, 69115 Heidelberg,
Germany. If you have any concerns regarding our products, please
contact ProductSafety@springernature.com

Printed and bound by CPI Group (UK) Ltd, Croydon, CR0 4YY
23/04/2026
02095588-0020